남명 선생의
삶과 가르침

남명 선생의 삶과 가르침

© 김경수, 2023

2판 1쇄 인쇄 __ 2023년 12월 20일
2판 1쇄 발행 __ 2023년 12월 30일

지은이 __ 김경수
펴낸이 __ 홍정표

펴낸곳 __ 글로벌콘텐츠
　　　　등록 __ 제25100-2008-000024호

공급처 __ (주)글로벌콘텐츠출판그룹
　　　　대표 __ 홍정표 이사 __ 김미미 편집 __ 임세원 강민욱 백승민 권군오 기획·마케팅 __ 이종훈 홍민지
　　　　주소 __ 서울특별시 강동구 풍성로 87-6 전화 __ 02-488-3280 팩스 __ 02-488-3281
　　　　홈페이지 __ www.gcbook.co.kr 메일 __ edit@gcbook.co.kr

값 12,000원
ISBN 979-11-5852-404-3 03910

남명 선생의
삶과 가르침

한국선비문화연구원

김 경 수 지음

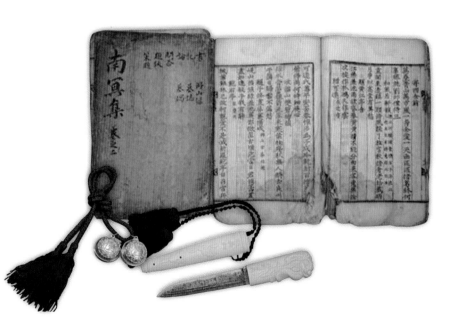

남명 선생南冥先生 표준영정標準影幀

조원섭 화백이 그린 것으로 남명 선생의 진영은 아니다.

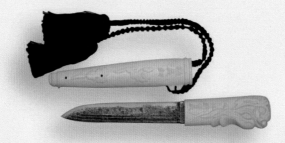

경의검(복원)

성성자(복원)

초간본 『남명집』

한국선비문화연구원장
최구식

지금 세계는 너무나도 급격하고 어마어마한 변화가 일어나고 있다.

이른바 4차 산업혁명이라는 혁명이 진행 중이며, 한편으로는 인간이 만들어낸 그러한 산업화에 저항하는 자연의 거대한 움직임도 있다.

인공지능으로 대표되는 미래사회가 우리의 삶에 어떤 변화를 가져올지 온전히 이해할 수 없는 실정이다.

오늘날의 현실을 바라보면, 대부분 인간들의 삶에서 '인간다운 품격'을 찾아보기 어렵다. 오직 약육강식과 중상모략이 삶을 지탱하는 첫 번째 원리인 것처럼 행동한다.

그러나 인간은 '인간다움'을 추구하는 존재이다. 인문학이 여전히 의미 있는 이유가 그것이다. 문학 역사 예술 윤리, 이와 같은 것을 탐구하고 즐기며 향유하는 것이 바로 인문학이다.

인간은 인간답게 살아야 한다. '지능'만 중시하고 '지성'은 갖추지 못한 인간, '인간애'가 아니라 '자기애'가 우선인 인간, '품격'이 아니라 '이익'만을 추구하는 인간은 인간다운 삶을 사는 것이 아니다.

오백여 년 전 이 땅에 한 올곧은 선비가 있었다. 스스로 일가의 학문을 성취하여 유학의 종사로 인정받았으며, 잘못된 정치를 비판하며 목숨을 건

상소를 올려 세상을 진동시키고, 나라와 백성을 걱정하며 홀로 달밤에 눈물을 흘리고, 자신이 이루지 못한 꿈을 펼칠 수 있는 인재를 교육하여 가장 성공한 교육자로 평가받았으며, 임진왜란을 당하자 50명이 넘는 제자들이 그 가르침을 계승하여 목숨을 걸고 의병으로 궐기하여 구국에 앞장섰고, 스스로는 출처의리를 자아정체성으로 확보하여 영원한 선비정신의 표상이 된 인물이었다.

남명 조식 선생이 바로 그분이다.

그가 세상을 살면서 보여준 삶의 모습은, 그 당시에나 지금이나 앞으로 다가올 미래에서나 한결같이 '인간답게' 사는 삶의 표본이 될 수 있다고 생각한다.

우리 한국선비문화연구원의 책임연구원으로 있는 김경수 박사는 약 40년 가까운 기간 남명학을 연구한 전문가이다. 이번에 그동안 공부한 내용을 쉽고 간결하게 정리하여 남명 선생의 일대기와 가르침을 책으로 발간하게 되었다. 그 노고에 감사를 표한다.

이 책이 보다 많은 사람들에게 널리 읽혀서 남명 정신이 우리 사회에 널리 보급되었으면 하는 바람이다.

한국선비문화연구원은 그러한 정신을 계승하고 발전시키는데 앞장서고자 한다.

2020년 봄

남명 선생과 한국선비문화연구원

    남명이란 조식(1501-1572) 선생의 호입니다. 조선시대의 양반들은 이름을 몇 가지씩 가지고 있었습니다. 태어나서 어릴 때 집안의 어른들이 부르는 이름인 '아명'이 있었고, 가문의 족보에 기록하는 법률상 정식 '이름'이 있으며, 스무 살이 되면 성인식을 치르고 '자'를 받는데, 그날 이후로는 대체로 모두 '자'를 부릅니다. 나이가 들면서 학문을 닦아 다른 사람들로부터 인품을 인정받게 되면 자기 자신이나 다른 사람이 '호'를 지어서 부르기도 했습니다. 나라와 백성을 위하여 훌륭한 업적을 남기고 세상을 떠나면 국가에서 '시호'를 지어서 내려주기도 합니다. 남명 선생은 아명이 있었는지 없었는지 알 수 없으나 이름은 '조식'이고, 20세에 누군가가 지어준 자는 '건중'이며, 30세 무렵에 스스로 지은 호는 '남명'이고, 세상을 떠난 뒤 나라에서 내려준 시호는 '문정'이었습니다. 옛날에 이름은 부모님이나 임금님만이 부를 수 있는 것이므로, 오늘날 우리는 선생의 학문과 덕을 기려 호를 불러 '남명 선생'이라고 합니다.

    남명 선생은 총명하여 특별한 스승 없이 집에서 아버지로부터 글을 배워서 깨우치고, 자라서는 스스로 천문 지리 의약 병법 등 여러 분야의 책을 읽어 폭넓은 지식을 축적하였습니다. 청소년 시기에는 의지를 기르기 위해 물이 가득 담긴 사발을 들고 밤새도록 서 있기도 하였습니다. 남명 선생이 네 살 되던 해에 아버지께서 과거에 급제하여 벼슬에 나가게 되었고, 곧이어 그 해에 다시 임금님이 직접 주관하는 시험에서 장원급제하여 승진이 빨랐습니다. 이때부터 남명 선생은 아버지를 따라서 주로 서울에서 생활하게 되고, 아버지께서 지방의 수령으로 부임하면 그곳으로 따라가서 견문을 넓히면서 학문을 닦았습니다.

이 시기에 남명 선생은 서울에서 훌륭한 친구들을 많이 사귀게 되었습니다. 그들은 모두 당시의 뛰어난 인재들로 학문과 능력이 탁월하여 다른 사람들로부터 추앙받았습니다. 그 중에는 나중에 최고의 벼슬인 영의정이 된 사람도 있습니다. 그러나 남명 선생이 쉰 살이 될 무렵까지 약 50년이 넘는 기간 동안 당시의 조선은 능력 있는 많은 선비들이 벼슬에 나갔다가 훈구세력들로부터 엄청난 화를 당하게 되는 사화의 시기였습니다. 특히 1545년에 있었던 을사사화 때에 남명 선생의 절친한 친구들 중 많은 사람들이 죽임을 당했습니다. 남명 선생은 사화에 죽임을 당한 친구들에 대해서 평생 동안 애통해 하였습니다.

남명 선생도 당시의 양반들이 대부분 그랬듯이 20세부터 32세 무렵까지 벼슬에 나가기 위해 몇 차례 과거시험을 보았습니다. 생원이나 진사 시험에는 응시하지 않고 바로 문과에 응시하기 위한 예비시험을 보아 우수한 성적으로 합격하고, 세 번이나 문과에 도전하였지만 모두 낙방하였습니다. 그리고는 32세 이후 과거시험을 통해서 벼슬에 나가는 길을 포기하였습니다. 당시의 조정은 무능하고 부패하여 나라는 어지러웠고, 사화가 계속되어 올바른 선비가 제대로 그 역할을 할 수가 없는 실정임을 알았기 때문입니다. 그 이후로 남명 선생은 자신을 수양하기 위한 학문에 힘쓰면서 한편으로는 훌륭한 제자들을 교육시켜 훗날 나라를 위해서 큰일을 할 수 있도록 기르는 것을 자신의 평생 임무로 여겼습니다.

남명 선생 사상의 큰 특징은 다섯 가지로 나누어 볼 수 있습니다. 첫째는

'경'과 '의'를 자신의 뚜렷한 사상으로 정립했다는 것입니다. 남명 선생은 '경'을 마음을 수양하는 방법으로, '의'를 행동을 다스리는 방법으로 확보하였습니다. 오늘날의 말로 이해하기 쉽도록 표현하면 '경'은 '맑은 마음을 가지는 것'으로, '의'는 '반듯한 행동의 지침'이라고 할 수 있습니다.

둘째는 '선비정신의 모범'을 세운 것입니다. 선비란 학문의 성취를 이루고, 도덕을 갖추었으며, 불의와 타협하지 않는 지조를 지켜서 맑은 향기를 세상에 내뿜는 존재를 말합니다. 자기 자신이나 다른 누구에게 대해서도 한 치의 부끄러움도 없는 삶을 사는 대장부를 말합니다. 이러한 점에서 남명 선생은 우리 역사에서 가장 선비다운 선비라고 할 수 있습니다.

셋째는 '처사로서의 삶을 확립'했다는 것입니다. 선비의 삶은 두 가지 길이 있습니다. 하나는 벼슬에 나가서 국가와 백성을 위하여 봉사하면서 관리로 사는 길이고, 다른 하나는 벼슬에 나갈 수 없는 상황이 되면 선비로서의 지조를 지키며 처사로 사는 길입니다. 남명 선생은 사화가 계속되는 어지러운 시기에는 벼슬에 나가지 않아야 된다고 판단하여 과거시험을 단념하였습니다. 그러나 이후 임금님이 남명 선생의 학문과 행실이 뛰어나다는 사실을 알고 평생에 걸쳐 열세 번이나 벼슬을 내렸습니다. 그렇지만 남명 선생은 자신의 지조를 지켜서 단 한 번도 실제로 벼슬에 나가지 않았습니다. 그래서 남명 선생 이후에 관리로 사는 것보다 처사로 사는 것이 더 존중받는 풍습이 생기게 되었습니다.

넷째는 '선비들의 언로를 개척'했다는 것입니다. 사화가 계속되는 시기에 선비들은 죽음이 무서워서 임금님께 바른말을 할 수가 없었습니다. 그런 상황에서 남명 선생은 쉰다섯 살 되던 해에 처음으로 임금님께 「을묘사직소」라는 상소문을 올렸습니다. 그 상소문은 참으로 죽음을 각오하고 임금님께 바른말을 다한 것으로 우리 역사에서 전무후무한 것이라고 할 수 있습니다. 특히 그 내용 중에 명종 임금을 '어리고 외로운 왕위 계승자'라고 하고,

또 문정왕후를 '깊은 궁궐에 있는 한 사람의 과부'라고 한 표현이 크게 문제가 되었습니다. 이후에도 남명 선생은 세 번이나 더 상소문을 올렸는데, 특히 「무진봉사」라는 상소문에서는 서리들의 횡포를 지적하여 '서리망국론'을 진술하였습니다. 결국 조선은 서리들의 잘못이 나라를 망하게 하는 결정적인 원인이 되었습니다. 여기서 남명 선생의 예리한 통찰력을 알 수 있습니다.

다섯째는 우리 역사에서 '가장 성공한 교육자'로 평가받는 인물이 되었다는 사실입니다. 성공한 교육자라는 평가를 받기 위해서는 훌륭한 제자를 많이 길러야 하는 것입니다. 남명 선생은 평생 한 번도 벼슬에 나가지 않았지만, 제자들은 스승의 가르침을 받아 탁월한 능력을 가지게 되어 조정에서는 영의정까지 오른 인물이 나왔고, 무엇보다도 남명 선생이 세상을 떠나고 20년 후에 터진 임진왜란 때에는 50명 이상의 제자들이 의병장으로 궐기하여 나라를 구하는 일에 목숨을 걸고 앞장섰습니다. 그 중에서도 곽재우 정인홍 김면 등의 제자들은 '임진왜란 3대 의병장'으로 불리고 있습니다. 임진왜란이 끝나고 광해군이 개혁정치를 시행할 때에는 남명 선생의 제자들이 그 주역을 맡았습니다. 그러나 우리 역사에서 가장 불행한 사건인 인조반정이 일어나 남명 선생의 제자들은 정치로부터 완전히 배척되어 소외와 오해 그리고 몰락의 길을 가게 되었습니다.

남명 사상의 특징을 위와 같이 다섯 가지로 요약하였지만, 이 모든 것을 합쳐서 한 마디로 정리한다면, '남명 사상의 핵심은 실천'이라고 하겠습니다. 남명 선생은 당시의 학자들이 이론 공부에만 치우쳐 보다 중요한 공부인 일상생활에서 실천해야 할 일들에 대해서 무관심한 사실을 항상 병이라고 지적하였습니다. 그래서 공부하는 사람들이 '청소를 할 때에는 손으로 물부터 뿌리고 빗자루로 쓸어야 하며, 어른이 부르시면 예라고 대답부터 하고 달려가서 얼굴을 보여야 하는' 순서도 모른다고 하였던 것입니다. 또 '시장에 가서 하루 종일 눈으로 금은보화를 보기만 하는 것은 베 한 필을 짜서 팔아 생선 한 마리를 사오는 것보다 못하다'고도 하였습니다. 실천하지 않는 공부는 아무런 가치가 없다는 말입니다.

이와 같은 남명 선생의 사상 특징은 과거와 현재 그리고 미래에도 변하지 않는 인간 삶의 소중한 가치라고 할 수 있습니다. 그래서 오늘날 남명 선생의 그 정신을 계승하고 발전시키기 위해서 경남 산청군 시천면에 '한국선비문화연구원'을 설립하여 연구와 교육의 중심 역할을 하고 있습니다. 2016년에 문을 연 한국선비문화연구원은 유치원생부터 초등학생 중학생 대학생 공무원 교사 대학교수 등에 이르기까지 매년 20,000명 이상의 사람들이 연수를 받으며 남명 사상을 가슴에 새겨 가고 있습니다. 연수의 내용은 힐링과 청렴을 주제로 하여 다양한 전통놀이 체험과 우리의 전통 궁도 및 선비체험을 하며, 강의는 최고의 강사진으로 구성하여 남명 선생의 사상과 미래형 리더십 및 4차 산업혁명 등 다양한 주제로 마련되어 있습니다. 또한 가까운 곳에 있는 산천재 남명기념관 묘소 덕천서원 등 남명 선생 사적지답사와 연구원 앞 덕천강의 물놀이 체험 그리고 천왕봉 등산, 지리산 둘레길 걷기 등도 즐길 수 있습니다.

한국선비문화연구원은 남명 선생의 정신과 사상이 오늘날 사람들에게도 여전히 중요한 가치가 있는 것임을 알게 하고, 우리 국민들의 정신을 살찌워 행복한 삶을 영위할 수 있도록 좌표를 제시하는 일을 하려고 합니다. 대한민국이 세계 일류의 선진국으로 우뚝 서는 길에 도움이 되는 연구원이 되고자 합니다.

경자년 봄 한국선비문화연구원 圓方室에서

차 례

제2부

남명 선생의 가르침

소외와 오해로부터 역사와 진실로

역사를 공부하다보면 흥미와 감동도 있고 안타까움과 분노도 있다. 역경과 고난 속에서 큰 업적을 이룬 인물에게서 느끼는 대리만족이 있는 반면에 자신의 의지와는 전혀 상관없이 다른 사람의 모략에 의해 처참하게 삶을 마감하는 인물에게서 느끼는 연민도 있다. 인류의 역사에서 얼마나 많은 사람들이 오고 갔는지 알 수 없지만, 그 중에서 좋은 의미든 나쁜 의미든 간에 역사에 이름을 남긴 사람의 숫자는 지극히 적다. 이름 없이 사라져간 무수한 사람들의 이야기는 역사가 아니다. 다만 시간의 흐름이었을 뿐이다. 이름을 남긴 사람들의 이야기는 역사가 되었다. 그 역사는 바로 귀감龜鑑이다. 본받아야 할 대상일 수도 있고, 타산지석으로 경계로 삼아야 할 존재이기도 하다.

역사는 '이긴 자'의 소유물이라는 말이 있다. 또한 역사는 '기록을 남긴 자'의 편이라는 설도 있다. 그래서 역사의 기록이 모두 '사실'이거나 '진실'은 아니다. 하나의 '사실'을 두고서 보는 관점에 따라 다른 기록이 허다하다. 더구나 한 걸음 더 나아가 하나의 '사실'을 두고 가치평가가 개입하는 '진실'의 문제를 이야기 하는데 있어서는 정반대의 결과가 나오는 현상을 쉽게 확인할 수 있다. 그래서 우리는 역사를 공부할 때 가급적 '사실'이 무엇인지를 정확히 파악해야 하며, '진실'에 대한 판단에 있어서는 객관적이고 보편타

당한 관점의 유지가 필수적이다.

🦋 남명학파의 정치적 등장 : 기축옥사와 임진왜란

우리 역사에서 '사실'과 '진실'의 관점에서, 남명 조식(1501-1572) 선생과 남명학파에 대한 후세의 사실 판단과 진실 공방은 약 500년 가까운 세월 동안 이어져 온 커다란 이슈였다. 남명 선생 생존 당시부터 그의 학문에 대한 성리학적 순수성에 관한 비판적 시각이 제기되었으며, 벼슬에 나아가지 않는 자세에 대해서도 비난하는 의견들이 있었다.

남명 선생이 세상을 떠난 후 최초의 당파인 동인과 서인의 대립에서도, 남명 선생의 제자이면서 이조전랑을 역임한 덕계 오건이 후임자를 추천하는 과정에서 그의 후배인 성암 김효원을 지목하면서 시비가 일어나게 되었다. 이때 훈구파의 신진 인물인 심의겸을 추천한 세력과의 대립에서부터 동서분당이 일어났으니, 이것은 남명학파가 역사적으로 사회적 문제의 핵심에 등장하게 되는 최초의 사건이었다고 할 수 있다.

그리고 이 사건은 임진왜란 3년 전인 1589년에 일어난 '기축옥사'에서 남명학파인 동인들이 엄청난 타격을 받는 먼 실마리가 되었던 것이다. 기축옥사는 우리 역사상 단일 사건으로는 가장 많은 사람들이 연루되어 죽임을 당하거나 유배를 당한 옥사로서 사회적 갈등을 크게 조장하였다. 이 사건은 원래 정여립의 난으로 비롯된 것인데, 그 사후처리 과정에서 사건이 확대되어 서인인 송강 정철과 우계 성혼이 중심이 되어 동인인 남명학파의 수우당 최영경과 조계 유종지 등을 비롯한 많은 인물에게 억울한 누명을 씌워 죽이거나 유배 보냈다. 특히 최영경은 '길삼봉'이란 가명을 쓴 것으로 연루되어 고문 때문에 옥사했는데, 불과 1년 만에 신원이 회복되었다. 당시 선조는 최영경을 신원하면서 그의 억울함을 '흉혼독철 살아충량(흉악한 성혼과 악독

한 정철이 나의 충성되고 선량한 신하를 죽였다)'고 표현할 정도였다.

이런 타격을 입고서도 남명학파 인물들은 임진왜란이 일어나자 50명이 넘는 남명 선생의 제자가 의병을 일으켜 구국의 길에 목숨을 걸고 나섰다. 정인홍 김면 곽재우 등 임진왜란 3대의병장이 모두 남명 선생만을 스승으로 섬긴 제자들이었고, 이들 의병들은 전쟁 초기에 큰 전공을 세워 전세를 바꾸는데 결정적인 역할을 하였다. 임진왜란을 결국 승전으로 이끈 3대 요인을 이순신의 활약과 의병의 활동 그리고 분조를 이끈 광해군의 역할로 꼽는다. 그 중에서 의병의 활동을 중점적으로 본다면, 남명 선생의 제자 50명 이상이 동시에 궐기한 것은 세계사에서도 그 사례를 찾을 수 없는 특별한 사건이라고 할 수 있다. 특히 정유재란을 당해서는 의병이 거의 일어나지 않는 분위기에서 오직 정인홍과 곽재우 등이 의병을 일으켜 활약하였다. 임진왜란 당시 정인홍의 나이는 56세였고, 정유재란 때는 이미 환갑을 넘긴 나이였다는 사실을 감안한다면 그 구국의 열정을 알 수 있다.

임진왜란이 끝나자 선조는 강화를 주장한 쪽보다는 끝까지 항전을 주장한 쪽의 편을 드는 이중적인 태도를 취했다. 그리하여 7년 전쟁 동안 조정을 이끌었던 류성룡을 삭탈관직하고 정인홍 등을 중용하였다. 만년에 판단력이 흐려진 선조는 임진왜란 당시 임시정부를 이끌면서 큰 공을 세웠고 이미 세자로 책봉한 광해군 대신 어린 영창대군을 후계자로 세우려는 계획을 하다가 세상을 떠나게 되었다. 정인홍 등의 지지를 받던 광해군이 어렵게 왕위에 오르게 되자 정국의 주도권은 완전히 바뀌게 되었다. 정인홍이 이끄는 북인세력의 시대가 된 것이다.

광해군의 주도로 전쟁 이후 개혁정치가 시작되고 그 중심세력은 정인홍을 주축으로 하는 남명학파였던 것이다. 광해군의 즉위와 더불어 1609년 정인홍은 스승인 남명에 대한 추숭사업을 추진하여 덕천서원 용암서원 신산서원을 사액하고, 광해군 7년(1615)에는 남명 선생에게 영의정을 추증하고 '문정'이라는 시호를 내린다. '도덕을 갖추고 학문이 깊다'는 의미로 '문文'이라 하고, '도를 올곧게 하여 조금도 흔들림이 없었다'는 의미로 '정貞'이라고 하였다. 남명 선생에게 내린 '정'이라는 글자에 담긴 뜻은 조선시대에 시호를 짓는 법에는 없던 내용이었는데, 중국의 사례에서 찾아 특별히 부여한 것으로 그 의미가 깊다. 이와 더불어 남명 선생을 문묘에 종사하기 위하여 성균관과 사학의 유생들이 12회나 상소를 올리고 홍문관과 사간원 사헌부 등에서도 상소를 올리는 등 많은 노력을 기우렸지만 이는 끝내 이루지 못하였다.

🌸 남명학파의 타격 : 인조반정

그러나 개혁에는 반드시 저항이 따르는 법이다. 정인홍은 광해군 시절 10년 동안 정승으로 있으면서 한 번도 서울에 가지 않았다. 대신 이이첨이 정인홍을 빙자하여 정권을 농단하면서 적이 많이 생기게 되었다. 정부의 요직을 한 파가 거의 차지하게 되면서 반대파의 반감을 극대화 하게 되었고, 이는 결국 쿠데타로 이어졌다.

1623년 3월 13일 밤, 서인에 의해서 우리 역사에서 가장 명분 없으면서 오히려 역사의 흐름을 거꾸로 돌려놓는 정변이 일어났다. 그것은 사실 '역모'였지만 불과 하루도 지나지 않은 다음날 낮에 이르러 성공한 쿠데타로 이어져 역사에서는 이 사건을 '인조반정'이라고 부른다. '반정'이란 '잘못된 것을 바로 잡는다'는 의미이다. 그들은 무엇을 바로 잡았는가? 그들의 큰 명분은 두 가지였다. 하나는 광해군이 '인륜을 저버렸다'는 것으로 이른바 동생을 죽이고 어머니를 폐하였다고 한 것이고, 다른 하나는 '명나라에 대한 은혜를 저버렸다'는 것으로 임진왜란 당시 명나라의 도움으로 나라를 다시 회복하였는데 새롭게 일어나고 있는 후금과의 사이에서 외교적으로 명나라의 편을 들지 않는다는 것이었다.

'폐모살제'라는 명분도 실제와는 다른 면이 있고, 명나라에 대해 나라를 다시 일으켜 주었다는 '재조지은'을 저버렸다는 명분은 실로 참담한 결과를 초래하게 되었던 것이다. 임금의 자리에 오른 인조는 역사상 가장 무능한 통치자의 면모를 보여주었다. 광해군이 인륜을 저버렸다는 명분으로 임금에 오른 인조가 보여준 패륜적인 행태는 인간의 상상을 초월한다. 자신의 왕위를 위협한다는 이유로 큰아들 소현세자를 독살한 의혹이 짙으며, 이를 원망하는 며느리는 사약을 내려 죽였고, 손자 셋을 제주도로 귀양 보내 첫째와 둘째를 풍토병인지 타살인지 죽게 만든 장본인이다. 반정 세력들 사이 힘의 균형을 이루지 못해 또 다른 역모가 일어나게 되고, 외교적으로 후금과의 관계를 단절하여 광해군의 폐위를 문책한다는 명분으로 정묘호란(1627)을 초래하였다. 형제 관계를 맺는다는 굴욕적인 강화를 체결하고 물러갔던 후금은 다시 군신 관계를 요구하다가 거부당하자 10년 만에 병자호란을 일으켜 인조로부터 완전한 항복을 받아낸다. 이른바 '삼전도의 굴욕'이라는 우리 역사상 가장 치욕적인 순간을 연출하였던 것이다. 남한산성에 고립되어 있던 인조가 항복을 결정하고 삼전도에 설치된 항복식장으로 문무백관을 거느리고 맨발로 걸어 들어가 맨바닥에서 높은 단상에 앉은 청나라 황제 홍타이지에게 한 번 절을 할 때마다 세 번 바닥에 머리를 찧는 것을 세 차례에 걸쳐 반복하는 항복식 이른바 '삼배구고'의 예를 행한 것이다. 지금도 그 모습을 새긴 부조물과 그 사실을 기록한 비석이 오늘날의 잠실에 그대로 남아 있다. 이 전쟁으로 인조는 자식들과 대신들을 볼모로 청에 보내고, 군신의 관계를 맺고 해마다 엄청난 조공을 바치는 등 외교적으로 이처럼 무능한 정치를 하여 우리나라 일만 년 역사에서 치욕의 대명사로 기록되었다.

이런 결과를 초래한 인조반정은 남명학파를 몰락의 길로 이끄는 도화선이었다. 쿠데타에 성공한 서인세력은 대북정권의 영수인 정인홍을 가야산 집으로부터 서울로 압송하였다. 그리고는 정식 재판절차도 없이 법을 어기면서 단지 공소장 낭독만으로 88세의 정인홍을 저자에서 참수하였다. 대북정권에 참여하였던 남명학파 인물들에 대한 보복은 말할 필요도 없다. 이로써 남명학파는 와해의 길로 들어서게 된 것이다. 그 직전까지 남명학파를 이끌고 있던 두 축이었던 한강 정구는 1620년에 세상을 떠났고, 내암 정인홍마저 처형됨으로서 구심점을 잃게 되었던 것이다. 남명학파는 정치적 입지도 잃고 학문적 지도자도 읽게 되었다. 그러나 그 맥은 완전히 끊어지지 않았으니, 남명의 처신을 본받아 벼슬에 나아가지 않고 향촌에서 학문에 종사하던 사숙인들에 의해서 덕천서원과 용암서원 그리고 신산서원을 중심으로 남명학파의 명맥만은 이어지고 있었다.

남명학파의 몰락 : 무신사태

인조반정 이후에 남명학파의 인물로서 중앙 정계에서 요직으로 벼슬을 하고 있던 특별한 한 사람이 있었으니 바로 동계 정온이다. 그는 정인홍의 제자 중에서 두드러진 인물이었다. 그러나 광해군 시절 그는 스승인 정인홍과의 정치적인 입장 차이로 인하여 미움을 받아 제주도 대정으로 귀양 가서 10년 동안 있었다. 이로 인하여 인조반정 이후 특별히 발탁되어 대제학과 이조참판까지 역임하였다. 대제학은 당대 학문의 영수들이 맡게 되는 것이 일반적이므로 그의 학문적 깊이를 알 수 있다. 그는 남명 선생을 지극히 존숭하여 『남명집』 간행에 발문을 쓰기도 했다. 그는 스승과 의견이 달라 결별하였지만 평생 스승에 대한 의리를 버리지 않았다. 정인홍이 처형되자 감히 누구도 그 시체를 수습하지 못했는데, 오직 정온이 남명의 둘째 아들인 조차마와 더불어 시체를 수습하여 고향땅으로 옮겨 장사를 지내주었다.

정묘호란에는 인조를 행재소로 호종하였으며, 병자호란에는 이조참판으로서 명나라와의 의리를 내세우면서 최명길 등이 주장하는 강화를 끝까지 반대하고 결사항전을 주장하였다. 그러나 자신의 입장이 관철되지 않고 청나라에 항복하게 되자 자결을 시도하였다. 배를 갈라 자결을 시도하여 창자가 밖으로 쏟아졌으나 다행히 목숨은 보전되어 수술을 하고 살아남았다. 그러나 그는 이후 오랑캐인 청나라의 속국에서는 살 수 없다고 하면서 낙향하였다. 고향에서도 그는 사람이 살지 않는 산속에 초가를 얽어 생활하면서 그곳의 지명을 이름 없는 마을이라는 뜻으로 '모리某里'라고 하여 오랑캐의 속국에는 살지 않겠다는 뜻을 보이고 72세의 나이로 1641년에 세상을 떠났다. 이로써 그는 절의의 상징이 되었고, 그 집안은 명문가로 우뚝 자리 잡았다.

그가 죽은 지 약 90년 후인 1728년에 조선에서는 또 다른 역모사건이 일어났다. 무신사태가 그것이다. 무신사태는 이미 인조반정에서부터 그 싹이 생겼다고 할 수 있으니, 서인 노론 세력들에 의한 정권 독점으로 벼슬길이 막혀 있던 남인과 노론과의 다툼에서 정권에서 배제된 소론들의 불만이 고조되면서 연합전선을 형성하였다. 청주에서 이인좌가 거병하고, 안음에서는 정희량 등이 동시다발적으로 궐기하여 한양으로 진군하면 한양에서 내응군이 협력하여 도성을 점령하기로 계획을 세우고 일으킨 시대를 앞서 가는 새로운 혁명이었다. 그러나 이 혁명은 내부배반자로 인하여 조성좌 등이 죽고, 군사작전에 미숙한 유생들이 주축이 되었기에 이인좌와 정희량 등은 체포되어 능지처사의 형을 받았다.

이 사태의 주모자로 지목된 10명 중에 정희량이 포함되었는데, 그는 바로 동계 정온의 직계 증손자의 둘째 아들이었다. 그리고 그와 함께 거병에 참여한 인물들 중에는 남명학파의 후손들이 다수 포함되어 있었던 것이다. 그들은 거병의 슬로건으로 '백성들의 부역을 감하고, 수령을 죽이지 않으며, 한 사람의 백성도 죽이지 않고. 백성의 재산을 노략질 하지 않으며, 부녀자를 겁탈하지 않는다.'는 것을 내세웠다. 이러한 명분에는 남명학파의 정신이 반영된 것으로 볼 수 있고, 오랜 세월 정권에서 소외된 삶을 살았던 지방의 사족들에게는 하나의 기회가 될 수 있다고 판단한 것일 수도 있다. 남인파인 경종이 즉위 4년 만에 죽고, 노론 4대신에 의해 영조가 즉위하자 남인들은 더욱 위기감에 빠진 것도 사실이다. 경종의 죽음에 의문을 제기하고, 무수리 출신 최씨의 소생인 영조의 정통성을 부인하는 움직임도 하나의 빌미가 되었다.

이 혁명은 결국 너무 쉽게 좌절되고 말았지만 그 여파는 매우 컸다. 정책적으로는 노비제도의 개혁과 균역법의 시행이 도입되고, 정치적으로는 부패하고 무능한 노론에 의한 세도정권을 탄생시켰다. 한편으로는 남명학파의 명맥을 완전히 끊어버리는 치명적인 법이 도입되었으니 바로 경상우도 즉 오늘날의 경상남도 지방을 '반역향'으로 낙인찍어 이후 50년간 선비들에게 과거응시의 자격을 박탈한 것이다. 그리고 그 원인을 남명과 정인홍에게까지 연결시키는 논리를 제시하였던 것이다. 이후 남명학파의 본거지인 경상남도 지역에서는 갑오경장으로 과거제도가 없어지기까지 단 한 명도 남명학파의 이름으로 과거에 급제하여 벼슬에 나간 인물이 배출되지 않았던 것이다. 이로써 남명학파는 영원히 역사에서 사라지는 듯하였다.

∴🍇 남명학파의 부흥 : 임술농민항쟁과 독립운동

그러나 한 번 싹트기 시작한 민중들의 의식은 역사의 수레바퀴 속에서 쉼 없이 굴러 1811년 평안도농민항쟁으로 이어지고, 다시 1862년 단성민란으로 촉발된 농민항쟁은 불과 1년 만에 전국의 70개 군현으로 확대되었다. 이제 걷잡을 수 없는 시대적 변화의 물결 속에서 드디어 1894년 갑오농

민전쟁 즉 동학혁명으로까지 이어져 결국 구시대와의 결별을 고하는 갑오경장을 불러오게 된다. 1862년의 임술농민항쟁은 경상남도에서 시작되어 전국으로 확산된 것으로 민중의 자발적인 시민의식을 일깨우게 되는 단초를 제공하였다.

계속해서 1908년 정미조약에 항의하여 남명 선생의 고향인 합천의 삼가에서 9명이 항일운동을 일으켜 모두 순국하였고, 1919년 3·1운동에는 서부경남을 중심으로 대규모 만세운동이 연이어 일어났으며, 1923년에는 신분해방운동인 형평운동이 진주에서 일어났다. 1919년에는 '파리장서사건'으로 알려진 유림독립운동도 심산 김창숙의 주도로 면우 곽종석을 유림 대표로 추대하여 일어났고, 1925년에는 김창숙이 국내로 잠입하여 2차 유림독립운동이 다시 경남지역을 중심으로 일어났다. 이러한 저항정신은 현대에도 이어져 결국 부마민주화운동으로 민주주의의 정착을 가져오는 계기가 되었다.

또한 구한말부터 경남지역에서는 그동안 끊어지다시피 했던 학문의 명맥이 다시 살아나기 시작하여 남명학을 계승하고자 하는 노력이 크게 일어났다. 기호 남인의 영수였던 성재 허전이 김해부사로 부임하여 제자들을 가르치고 예학을 보급하여 학문을 일으키자 수많은 문도가 모여들었다. 그들은 일제에 저항하며 남명 정신을 되살리기 위해 많은 노력을 하였다.

한편으로는 벼슬에 나가지 못하는 대신 재산을 축적하여 지역사회에서의 영향력을 키워온 양반지주층들이 그들의 재산을 이용하여 선각자적인 시각으로 상공업에 뛰어들어 근대적 기업을 성장시켰다. 초기의 3성재벌 즉 삼성 금성 효성 등이 모두 서부경남에 기반을 두고 성장한 재벌이다. 또한 의령의 백산 안희제 등과 같이 상업을 통하여 번 돈으로 독립자금을 지원하는 사례도 많이 나왔다.

오늘날 이 분야에 대한 연구가 본격적으로 진행되어 성과를 내고 있듯이, 이 모두는 결국 '의'를 강조한 남명정신의 부활로 볼 수 있다는 것이다. '불의'를 보면 참지 못하고 목숨을 걸고서 저항하는 정신 그리고 나라가 위기에 빠지면 누구보다 먼저 구국의 대열에 뛰어드는 정신의 원류는 모두 남명사상에서 찾을 수 있다는 것이다. 그것이 바로 경남정신의 근간이라는 말이다. 현대사회는 정치적 민주주의와 경제적 자본주의라는 두 축이 중심이 되는 시대이다. 이 두 축에서 경남은 남명정신을 바탕으로 결정적인 역할을 수행하여 오늘의 대한민국이 세계 속에서 우뚝 설 수 있는 원동력을 제공하였다고 할 수 있다.

남명학의 또 다른 소외와 부활 : 일제의 역사교육과 80년대 이후의 부활

수많은 독립투사들의 노력과 온 국민들의 열망으로 일제강점기를 벗어나 독립을 하였지만, 일제강점기가 남긴 아픈 흔적은 아직도 곳곳에 남아 있다. 남명학파와 일본은 불구대천의 원수지간이라고 하여도 과언이 아니다. 일찍이 남명 선생이 왜구에 대한 강경한 대책을 주장하고 철저한 경계를 언급하면서 침략을 예견한 것이 현실이 되어 임진왜란이 일어났다. 목숨을 건 의병활동을 한 남명학파는 정치적 위상이 높아져 한 때 정권을 장악했으나 반정으로 소외와 몰락의 길을 가게 되었던 것이다.

일본은 300년 이상 절치부심하여 드디어 1905년 강제로 늑약을 체결하고, 1910년에는 한일합방의 목적을 달성했다. 형식은 합방이라고 했지만 실질은 식민지배였다. 일본은 조선에 대한 식민지배의 정당성에 대한 하나의 논리로 '조선의 지도자들은 성리학의 공리공담에만 빠져 있어 현실적인 문제를 해결하지 못하기 때문'이라고 하였다. 그러면서 그들은 조선의 퇴계 선생을 매우 훌륭한 성리학자라고 평가하고 있으니, 이 무슨 해괴한 논리인가!

　이로써 우리나라는 근대화와 현대화의 길을 일제에 의해 타력으로 가게 되었다. 그 중에서 가장 중요한 것은 현대식 교육제도를 만들고 그 내용을 채우는 것이었는데, 핵심은 역사교육이었다. 일제에 의해 만들어진 우리의 역사교과서에는 결정적으로 두 가지의 잘못이 있다. 하나는 우리의 역사를 삼한시대를 상한선으로 규정한 것이고, 다른 하나는 남명과 남명학파를 역사에서 제외한 것이다. 단군부터 우리의 역사로 인정하게 되면 일본의 역사가 잘못된 것이 되므로 삼한시대를 상한선으로 그었고, 남명과 남명학파를 역사에 포함시키면 임진왜란의 치욕적인 상처를 언급하지 않을 수 없기 때문이었다. 일본에서는 지금도 토요토미 히데요시를 영웅으로 우상화시키는 일에 골몰하고 있다.

　일제에 의해서 역사교과서에서 소외된 남명과 남명학파에 대한 내용은 해방이 되어서도 쉽게 고쳐지지 않았다. 주류사학계가 일제강점기에 일본 학자들로부터 교육받은 사람들에 의해 장악되었기 때문이다. 그들은 대부분 서인 노론계의 인물들이었다. 일제강점기에 일본으로부터 작위를 받은 인물들 중 거의 대부분이 서인 노론이었으며, 남명학파의 후손들은 단 한 명도 없다. 그리고 그들은 광복 후에도 여전히 대한민국의 주도세력으로 살고 있다.

　나는 아직도 우리나라가 일제로부터 완전한 독립을 이루지 못했다고 본다. 요즈음 유행하는 말 중에 '토착왜구'라는 것이 있지만, 일제의 잔재는 구석구석에 남아 있다. 옛날 왕조시대의 독립국은 두 가지 조건을 갖추어야 했다. 하나는 독자의 '연호年號'를 사용해야 하고, 다른 하나는 독자의 '달력'을 가져야 한다. 그러나 사실 둘은 하나의 개념이다. 즉 하늘에 대한 소유권을 갖는다는 말이기 때문이다. 하늘에 대한 소유권이란 무엇인가? 시간에 대한 지배권이다. 조선시대에는 세종대왕이 '칠정산내외편'을 만들어 우리나라에 맞는 달력을 잠시 사용했지만, 나머지는 '동지사冬至使'라는 사신단이 명나라 청나라에 가서 중국의 달력을 받아와 우리나라에 그대로 사용했다.

일제시기에 들어서는 우리나라의 시간을 '동경표준시'대로 사용하게 되었고, 지금까지도 고치지 않고 있다. 그래서 2012년에 우리나라 달력에서 음력 4월에 윤달이 들었고, 2020년인 금년에도 윤4월이 들게 되었다. '서울표준시'를 사용한다면 2012년에는 윤3월이 들어야 했던 것이다. 문재인과 김정은이 판문점에서 만났을 때 30분 차이가 나는 시계가 남측과 북측에 걸려 있었는데, 김정은이 양보하여 북쪽의 시계를 30분 앞당겼다. 남쪽의 시계를 32분 늦게 맞추었어야 했는데 말이다.

땅은 나누어서 제후들에게 분봉해주지만, 하늘 즉 시간은 하나의 통제권에서 다스리는 제도가 천자국과 그 제후국이다. 원래 한민족은 하늘족이었고, 그 임금은 천황이었다. 당당한 주권국이 언제부터인가 '노예근성'에 찌든 인간들에 의해 스스로 조그마한 제후국인 '조선'이 되고 '국왕'으로 전락했다. 그런 와중에 중원의 국가들은 '황제'가 되고, 일본은 '천황'을 참칭하고 있다. 한 가지 다행인 것은 그들은 아직 시대의 흐름에 맞추어 '민주民主'시대에 진입하지 못하고 있다는 점이다. 중국에는 여전히 '인민人民'이 살고, 일본에는 '신민臣民'이 살고 있기 때문이다. '인민'의 '인'은 지배층의 인간이며, '민'은 피지배층의 노예를 지칭한다. 복희와 여와의 시대에 여와가 '황토'로 빚은 인간의 형상은 '인'이 되었고, 새끼줄에 황토를 버무려 흩뿌려서 튕겨나간 무수한 찌꺼기들은 '민'이 되었다는 것이 그들의 한족漢族 설화이다. 단 한 사람만을 떠받들고 사는 '신하'들과 그들이 부리는 '노예'들을 합쳐서 부르는 호칭이 '신민'인 것은 설명이 필요 없다.

그러나 역사의 도도한 흐름은 결코 몇몇 인간들에 의해서 왜곡되고 후퇴하지는 않는 법이다. 1980년대에 들면서 비로소 역사에 대해서 주체적인 의식을 가진 학자들이 학계에 등장하기 시작하여 남명과 남명학파에 대한 새로운 조명이 시작되었다. 그 대표적인 학자가 고려대학교의 김충렬 교수였다. 때맞춰 남명 선생의 후손들도 조상을 선양하고자 하는 움직임을 시작하고 있던 시기로서 서로 연락이 닿아 협력하게 되었다. 특히 지역에서 사업가로 성공한 후손인 조옥환 사장이 금전적인 지원을 아끼지 않아 지금까지 약 40년 동안 350억 이상의 자금을 쏟아 부었으니 그 정성은 참으로 놀라운 일이다. 김충렬 교수와 조옥환 사장이 의기투합하여 학술적 연구와 이를 위한 재정적 지원이 이루어졌다. 마침 경상대학교 철학과의 오이환 교수도 주말마다 지역을 여행하면서 고문헌을 소장하고 있는 집안을 방문하여 책을 조사하던 중 의외로 남명과 관련한 내용이 너무나 많은 사실을 알고서 이에 대한 연구를 진행하고 있었다. 그러다가 김충렬 교수와 연락이 되어 본격적으로 남명학 연구에 합류하게 되면서, 일차적으로 남명학과 관련한 고문헌을 수집 분류하면서 남명학파의 역사를 연구하였다. 오이환 교수는 이후 정년에 이르도록 거의 남명학 연구에만 매진하여 남명학파의 역사에 대한 연구를 거의 매듭짓는 성과를 이루었다.

또한 지역사회에서도 남명 선생의 사상에 대한 관심이 크게 고조되어 경상남도 사립중고등학교 교장회가 앞장서서 대중강연회와 남명선생탄신기념제(남명제)를 1977년부터 시작하여 오늘날은 매년 10월 셋째 주 토요일에 한국선비문화연구원에서 국가지정축제로 '남명선비문화축제'를 개최하고 있다. 한편으로는 남명학연구원을 발족하여 학술적인 활동을 꾸준히 이어오면서 이를 사단법인으로 개편하고, 90년대에 들어서는 경상대학교에 남명학연구소를 설립하여 대학의 중추적인 연구소로 성장하였다. 진주교육대학교에도 두류문화연구소를 개편하여 남명교육문화재단을 설립하였으며, 서울대학교에도 재단법인 남명학회를 설립하여 매년 학술행사를 진행하고 있다. 2001년에는 남명선생탄신500주년기념사업회를 만들어 경상남도와 해당 시/군이 연합하여 1년 동안 대대적인 기념사업과 학술행사

등을 개최하였다.

남명학에 대한 연구 성과는 그 기간에 비해서는 실로 전무후무할 정도로 축적되었다. 매년 50편 이상의 논문이 발표되고 있으며, 지난 40여 년 간 2,500편이 훨씬 넘는 편수를 기록하고 있다. 석사논문은 100여 편에 이르고, 박사논문도 30여 편에 이른다. 관련한 단행본도 300권 이상이 출판되어 한 역사적 인물에 대한 성과로는 유례가 없을 정도라고 할 수 있다. 이는 비록 남명에 대한 조명의 시작은 늦었지만 역사적 위상과 가치는 그 누구에게도 뒤지지 않는다는 사실을 반증하고 있는 것으로 보아야 한다.

남명 선생의 사적지에 대한 정비사업도 활발히 진행되어 훼철된 서원들이 모두 복원 되었으니, 산해정을 확대하여 신산서원으로 복원하였고, 용암서원은 뇌룡정 옆에 중건하였으며, 덕천서원은 1920년대에 이미 복원되어 산천재와 묘소 및 여재실 등과 더불어 국가문화재 사적 305호로 지정되었다. 오늘날은 남명 선생의 정신을 계승 발전시키기 위하여 용암서원 옆에 남명교육관을 건립하였으며, 신산서원 옆에는 남명정신문화교육관을 건립하기 위한 계획이 실시 단계에 들어갔다. 무엇보다도 산청의 산천재 옆에 한국선비문화연구원을 건립하여 남명학의 센터로서의 역할을 할 수 있도록 하였고, 그 일대에 신명사도 공원을 조성하고 남명 정신 체험관을 건립할 계획도 설계까지 이미 끝났다.

더불어 경상남도 각지에 흩어져 있는 남명 선생과 관련한 사적지들도 차근차근 정비가 이루어지고 있어 하나의 거대한 벨트를 구축해가고 있는 실정이다. 그 벨트는 김해로부터 함안 의령 합천 진주 산청을 거쳐 사천과 하동까지 연결되고 있으며, 그 중간에 신어산과 자굴산 그리고 무엇보다도 지리산 등은 남명 선생과 밀접한 관계가 있다. 앞으로는 남명 선생뿐만 아니라, 남명학파 전체를 아우르는 인물과 사적지들을 서로 연계하는 종합적인 구상으로 보존과 계승 발전의 틀을 만들어 가고자 한다.

제1부

남명
선생의
삶

1장

탄생과
성장

탄생과 집안의 내력

남명은 1501년 음력 6월 26일 아침 8시 무렵 외가에서 태어났다. 본가
는 외가에서 얼마 멀지 않은 판현이라는 곳이었는데, 아버지가 오늘날 삼가
면 외토리 토동 마을의 인천 이씨 집안에 장가들었으므로 어머니가 친정으
로 와서 아이를 낳은 것이었다.

재미삼아 남명 선생의 사주를 표시하면 다음과 같다.

년	월	일	시
편인	식신	본원	정재
신	을	계	병
유	미	묘	진
편인	편관	식신	정관
병	묘	장생	양
도화	화개	문창, 천을	공망

(신약, 대운 4)

선생이 태어날 때, 집과 가까운 곳에 우물이 있었고 이 우물에서부터 산실까지 무지개가 뻗쳤다고 한다. 이 우물은 20여 년 전에 메워서 지금은 없다. 남명이 태어나자 외할아버지는 "닭띠 해에 이곳에서 사내아이가 태어나면 훌륭한 인물이 된다는 예언이 있었는데, 이제 창녕 조씨 집안의 운수가 트이겠구나!"라고 하면서 탄식했다고 전한다.

남명의 집안은 신라시대부터 시작되었고 시조 때부터 명문가였다. 고려에 들어서는 9대에 걸쳐 평장사(오늘날의 장관급)를 지내기도 했다. 그러므로 조상들은 주로 개경에 머물렀을 것인데, 조선시대에 들어와서는 벼슬길이 끊겨 집안이 어려움을 겪게 되었다. 그래서 증조부 조안습에 이르러 합천군 삼가면 판현으로 낙향하게 되었던 것이다. 당시 상황으로 보아 증조부 조안습이 고려에 절개를 지키기 위해 벼슬에 나아가지 않고 사림파의 길을 택했는지 알 수는 없다. 고려가 망하면서 선비들이 취할 수 있는 자세는 조선의 건국에 협조하든지, 두문동에 들어가서 절개를 지키든지, 아니면 낙향하여 지조를 지키는 등 세 가지의 방법이 있었기 때문이다.

그런데 이때 남명 증조부의 낙향에는 또 다른 이유를 추측해 볼 수 있다. 남명의 증조부는 남평 문씨 집안에 장가들었는데, 바로 목화씨를 도입한 문익점 집안이었다. 문씨는 고려시대부터 상당한 명문가였고, 문익점은 고려와 조선에서 모두 벼슬을 하였으며 백성을 따뜻하게 해주었다는 공로로 '부민후富民侯'라는 작위를 받을 정도로 집안이 번성하였다. 그러나 문익점의 동생 문익하에게는 문가용과 문가학이라는 두 아들이 있었는데, 문가용은 조선이 건국한 다음 해에 과거에 급제하여 벼슬에 나간 반면, 문가학은 비를 내리게 하는 도술을 가졌다고 이름이 났다가 나중에 역모를 일으켜 그 집이 몰살당하였다.

이 일로 문씨 집안에는 큰 풍파가 닥쳤다. 남명의 증조부는 바로 문가학의 형인 문가용의 딸에게 장가들었던 것이다. 오늘날은 역사책에서 문가용에 대한 기록을 거의 찾아볼 수 없으며, 집안 족보를 통하여 '학유'라는 낮은 벼슬을 한 것만 알 수 있고 그 후손은 끊어진 것으로 기록되어 있다. 이로써 추측해보면, 당시 문씨 집안이 역모로 크게 타격을 입을 때 남명의 증조부도 화를 피하기 위한 의도로 부인과 함께 낙향했을 가능성이 높다. 더욱 중요한 점은, 남명의 조상들 무덤 중에서 증조모의 무덤은 다른 조상들과 같은 산에 없고, 오늘날 부산 동래의 산 높은 곳에 멀리 떨어져 있다는 것이다. 남명 선생이 남긴 글을 보면, 종종 배를 타고서 동래에 있는 증조모의 산소에 성묘를 갔던 사실을 확인할 수 있지만 현재 그 정확한 위치는 아무도 모른다. 문가학의 역모와 남명 증조부의 낙향 그리고 증조묘의 무덤 위치 등은 서로 상관관계가 있을 것으로 추측된다.

남명의 조부는 조영인데, 과거시험에 합격하거나 벼슬에 나가지 않았다. 이어 남명의 아버지는 조언형인데, 동생인 조언경과 더불어 과거에 급제하여 벼슬에 나가게 되어 집안의 운세가 다시 일어나게 되었다. 36세인 1504년 즉 남명이 4살 되던 해에 식년시에 급제하였다. 아마도 곧 벼슬에 제수되었을 것으로 판단되는데, 곧이어 임금이 직접 주관하는 정시庭試에서 장원으로 급제하였기 때문이다. 정시는 현직 관료들을 대상으로 임금이 직접 시행하는 특별시험이다.

남명의 아버지 조언형은 토동의 인천 이씨 집안 이국의 따님에게 장가들었다. 인천 이씨도 명문가였다. 이국의 부인은 통천 최씨로 조선 초기에 4군 6진 개척으로 유명한 최윤덕 장군의 따님이다. 최윤덕 장군은 무과 출신으로 특별히 정승에까지 오른 인물이기도 하다. 남명에게는 어머니의 외조부가 되는 것이다. 이상을 간단히 도표로 정리하면 다음과 같다.

```
조은
 │
 ↓
조안습 – 남평 문씨    최윤덕
 │              │
 ↓              ↓
조영    이국 – 통천 최씨
 │              │
 ↓              ↓
조언형 – 인천 이씨(이국의 딸)
 │
 ↓
조납 조식(남명) 조환 딸(정운) 딸(이공량) 딸(정백빙) 딸(정사현)
```

성장과 첫사랑 그리고 친구

   남명이 4살 때 아버지가 과거에 합격하고 곧이어 전시에서 장원급제하
였다. 이로써 아버지의 벼슬길은 순탄하게 열린 것으로 볼 수 있다. 이 무렵
에 남명의 가족은 주로 서울생활을 하게 되었던 것으로 보인다. 옛날 서울
장의동에 집이 있었던 사실을 기록으로 알 수 있기 때문이다. 미루어 짐작
해보면, 낙향한 남명의 증조부로부터 아버지에 이르기까지 집안은 상당히
궁핍했던 것으로 보인다. 남명의 아버지가 세상을 떠났을 때 거의 장례조차
제대로 치룰 수 없었던 상황이었고, 물려받은 전답도 거의 없었다. 남명과
동생 가족이 함께 살기 어려워 남명이 처가인 김해로 어머니를 봉양하기 위
하여 떠나게 되었기 때문이다. 그러나 명문가의 후손인 남명의 집안은 아버
지가 이 지역에서 세거하고 있던 인천 이씨 집안에 장가들면서 경제적으로
도움을 받았던 것으로 보인다. 결혼 이후에 비교적 늦은 나이이기는 했으나
학문에 전념하여 과거에 급제할 수 있었던 것으로 보이기 때문이다.

아마도 아버지가 정시에서 장원급제하여 벼슬길이 열리고부터 가족들은 서울로 옮겨서 살게 된 것으로 판단된다. 그리고 이때부터 남명도 본격적으로 글공부를 시작하게 되었을 것이다. 남명의 일생을 서술하고 있는 여러 편의 글에서는 모두 남명이 특별한 스승 없이 학문을 이루었다고 하고 있다. 이는 어려운 살림 때문이기도 했겠지만 가정에서 아버지로부터 가르침을 받을 수 있는 환경이 있었다고 볼 수 있다. 7세부터 본격적으로 공부에 매진하여 한 번 배운 것은 잊지 않았다고 한다.

9세에는 병이 들어 위독한 지경에 이른 때가 있었다. 어머니가 걱정하시자 "하늘이 사람을 태어나게 한 것이 어찌 우연이겠습니까? 지금 제가 다행히 대장부로 태어났으니 하늘이 저에게 부여한 사명이 반드시 있을 것입니다. 어찌 지금 갑자기 요절할까 걱정할 것이 있겠습니까?"라고 하여 주위 사람을 놀라게 했다고 한다. 17세 무렵에는 아버지가 외직으로 나가 단천군수를 맡게 되자 임지로 따라 가서 공부하는 틈틈이 백성들의 생활상을 직접 보고 아전들의 농간과 횡포도 목격하게 되었다.

남명의 강직한 성품은 아버지에게서 영향을 많이 받은듯하다. 일화에 의하면, 단천군수로 재직 중이던 아버지에게 어느 날 옛날의 절친한 친구였던 강혼이 관찰사로서 지방 순례 중에 방문했는데, 밤중에 아전으로 하여금 술을 들게 하고서 강혼의 숙소로 찾아가 친구로서 술을 마시고는 그의 잘못을 꾸짖고 절교를 선언하고, 다음 날 벼슬을 버리고 돌아왔다는 이야기가 전한다.

그러나 이 이야기는 역사적 사실과는 다른 부분이 있다. 그런데 이에 앞서 남명이 부친이 단천군수로 재임했던 사실과 남명의 첫사랑에 대한 기록을 최근에 확인할 수 있었다. 바로 윤국형의 『문소만록』이란 책에 다음과 같은 내용이 있다.

내가 정해년에 임금의 명을 받들고 관북에 가는데, 단천읍에 이르니 어떤 사람이 말하기를 "늙은 관비 하나가 나이 80세가 넘었는데, 일찍이 남명을 섬긴 일이 있다 하여 절개를 지키고 있다." 하므로 불러 보니, 그가 말하기를 "남명은 그의 아버님이 이 고을 군수로 있을 때 자제로 여기에 오셨지요. 저는 남명과 동갑으로 나이 17세 때에 모시고 함께 자며 정이 들었다가 5년 만에 작별했지요."라고 했다. 그 뒤에 딴 군수가 왔을 때 찰방이 가까이하려 하므로 거짓 미친 체하고 발가벗고 달아났다고 한다.

그런 뒤로는 다시는 남자를 가까이하지 않고 남명을 생각하다가 이내 미친 병이 생겼는데, 지금은 조금 나았다고 한다. 내가 술 두어 잔을 주었더니, 그는 손뼉을 치며 노래를 부르면서 말하기를, "이것은 모두 조 씨[남명]가 지은 것이지요."하였다. … 변방에 사는 천한 기생이 절개를 지킨 것도 가상하거니와, 관가에 매인 계집들은 촌 계집과는 같지 않아서 수절하기란 더욱 어려운 일이다.

윤국형(1543-1611)은 의성 사람으로 임진왜란에 활약하였고 나중에 공조판서까지 지낸 인물이다. 위의 기록은 당사자가 직접 보고들은 것이기에 믿을 수 있다. 남명의 「연보」를 보면, 그가 18세 무렵에 아버지의 임지를 따라 단천으로 가서 생활했다는 정도는 확인할 수 있지만, 야사에서 전하고 있는 남명 부친과 강혼의 절교사건이 단천에서 있었다는 내용은 사실과 다르다. 이 기록에 의하면, 남명은 17세(1517)에 아버지를 따라 단천으로 갔으며 그곳에서 동갑인 관비와 첫사랑에 빠졌고, 아버지는 두 번의 임기인 6년을 다 채우지 않고 5년 만에 돌아오게 되었는데, 이때 21세(1521)의 남명도 단천을 떠났던 사실을 확인할 수 있다. 남명은 단천군 관아에 소속된 동갑내기 관비와 깊은 사랑에 빠져 5년을 함께 했으며, 그 시기에 그녀에게 시를 지어주기도 했던 것이다. 남명이 떠난 이후로 그 관비는 남명을 그리워하며 미친척하다가 실제로 미쳤고 그로 인하여 수절할 수 있었다. 윤국형을 만나 이 이야기를 나눈 것은 그녀의 나이 87세인 정해년(1587)이었다. 한 여인이 70년 동안 남명만을 그리워하며 일생을 보낸 사실을 알 수 있다. 남명은 평소 젊은 제자들에게 '화류관' 즉 여색에 대한 경계를 종종했던 경우를 확인할 수 있는데 아마도 이러한 자신의 경험에 비추어 그랬을 것으로 짐작할 수 있다.

남명의 부친 조언형은 일찍부터 진주에 거주한 강혼과 절친한 사이였지만, 그가 연산군 애희의 죽음에 「궁인애사」와 제문을 지어 연산군에게 아첨한 것을 싫어하여 관찰사로서 찾아온 그에게 밤에 술을 들고 가서 나누어 마시고 절교를 선언하고 곧바로 벼슬을 버리고 돌아왔다고 전하고 있다. 그러나 이러한 일이 있었다 해도 그 시기는 이때가 될 수 없다. 강혼은 이미 1519년에 세상을 떠났기 때문이다.

21세에 서울로 돌아와서는 공부에 매진하였다. 의지를 다지기 위해 깨끗한 그릇에 물을 가득 담아 두 손으로 받쳐 들고 밤새도록 물을 쏟지 않고 지새우기도 하였다. 이 시기에 서울에서 평생의 벗들을 사귀게 되는데, 그 대표적인 인물이 대곡 성운과 동고 이준경 그리고 일재 이항 등이었다. 성운은 남명의 평생 가장 절친한 친구였으며, 이준경은 남명이 후일 명종의 부름에 서울을 방문하게 되었을 당시 최고의 벼슬인 영의정을 역임하고 있을 정도의 인물이었다. 대곡은 남명이 세상을 떠난 후 「남명선생묘갈명」을 지었는데, 지금까지 남명을 묘사한 글 중에서 최고의 문장으로 꼽힌다.

특히 창녕 성씨 집안 벗들과의 교유 및 광주 이씨 집안 벗들과의 교유는 남명의 삶과 사상 형성에 큰 영향을 미쳤다. 조선 초기에 창녕 성씨와 광주 이씨 집안은 최고의 벌족 가문이었다. 이들을 비롯하여 남명이 26세에 부친상을 당하기 전까지 서울생활을 할 때에 사귄 인물들은 가히 당대 최고 명문가의 자제들이었고, 시대를 진동할 뛰어난 인재들이었다.

그런데 남명이 사귄 친구들을 보면 한 가지 특징이 드러난다. 바로 대부분의 친구들이 남명보다 나이가 몇 살 이상이나 많았다는 점이다. 대곡은 남명보다 4살이 많고, 이준경과 이항은 2살이 많았다. 성수침은 8살이나 많았고, 훗날 남명이 김해에서 생활할 때 사귄 삼족당 김대유는 무려 22살이나 나이가 많았음에도 벗으로 사귀었다. 옛날에는 친구를 사귈 때 아래위로 8살까지는 벗으로 하는 경우가 보통이었다. 그렇지만 벗이라고 하여 함부로 대하거나 말을 함부로 하지는 않았다. 서로 공경하면서 학문적으로나 인격적으로 스승처럼 대하면서 서로에게서 가르침을 받는 관계였다. 이런 아름다운 풍속은 지금도 본받아야 할 모습이다.

19세가 되던 해에는 기묘사화가 일어나 많은 선비들이 화를 당한 소식을 절에서 공부하다가 들었다. 이 사화에 남명의 벗들 집안이 많이 연루되었다. 동고 이준경의 부친과 황강 이희안의 형이 대표적으로 연루된 경우이다. 남명은 이 사화에서 많은 충격을 받았다. 그러면서도 과거를 통하여 벼슬에 나아가 잘못된 폐단을 바로 잡고자 하는 마음을 더욱 굳게 하였다.

2장

20대 :
과거응시, 결혼, 부친상

과거응시

약관의 나이인 20세가 된 남명은 벼슬에 나가기 위하여 그동안 준비한 학문으로 과거시험에 응시하였다. 조선시대의 과거시험은 3년마다 보는 정기시험과 나라에 중요한 일이 있거나 특별한 필요가 있을 때 보는 부정기시험이 있었다. 또 지방에서 예비시험으로 보는 초시도 있었다. 보통의 경우, 과거는 생원과 진사를 뽑는 시험이 있고, 생원과 진사시험에 합격하고 본시험인 문과에 응시하는 경우 그리고 생원과 진사시험은 보지 않고 바로 문과에 응시할 수 있는 자격을 주는 예비시험인 동당시에 합격하고서 문과에 응시하는 경우로 나뉜다. 생원시는 4서5경에 대한 이해를 중심으로 시험을 보고, 진사시는 문장능력을 주로 시험 본다. 문과에서는 장편 서사시인 '부賦'와 논술시험인 '대책' 그리고 '경전 강의' 등이 주된 과목이었다.

남명은 처음에는 생원이나 진사시험에도 뜻을 두어 20세에 생원시와 진사시의 예비시험을 보아 합격하였고, 문과의 초시에도 응시하여 합격하였다. 그러나 21세에 있은 식년시에서 문과에 응시하였으나 낙방하였다. 남명은 자신의 과거시험 경력에 대해서 다음과 같이 회고하고 있다.

약관에 문과 한성시에 합격하고, 다시 사마시 초시에도 합격하였으나 복시에서는 다 낙방하였다 '과거 시험이 애초에 장부가 자신을 세상에 드러내는 방법이 되지 못하는데 하물며 소과임에랴' 하고는 드디어 사마시는 포기하고 동당시에만 나아가 세 차례 일등에 합격하였다. 그 뒤 합격하기도 하고 떨어지기도 하면서 나이 서른을 넘겼다. 또 문장이 과거시험의 글 형식에 맞지 않는다는 생각을 하여, 다시 평이하고 간실한 책을 구하여 보았다. 그래서 처음으로『성리대전』을 가져다 보았다.

남명의 문체는 옛날 격식을 좋아하였다. 『춘추좌씨전』의 문장과 당송팔대가의 한 사람인 유종원의 글쓰기를 본받았다. 『춘추좌씨전』의 문장은 옳고 그른 것과 착하고 악한 것의 구분이 분명한 것이 특징이고, 유종원의 문장은 다른 사람의 인물됨을 서술할 때 수식어를 거의 쓰지 않고 사실만을 간단명료하게 표현하는 것이 특징이다. 오늘날 우리가 남명이 남긴 문장을 보면, 그와 같은 특징을 분명히 볼 수 있다. 남명은 스스로도 '나의 문장은 비단을 짜려고 하다가 끝마무리를 하지 못한 것과 같다'고 표현하였다. 그랬기에 당시 남명이 과거에서 제출한 답안의 문장은 많은 사람들이 베껴서 외울 정도로 뛰어난 것이었다고 전한다.

남명이 스스로 말하고 있는 바와 같이 평생 세 번 문과에 응시하였으나 모두 불합격하였다. 문장으로 일세를 풍미하고자 했던 꿈이 무너진 것이었다. 그러나 옛날에는 늦은 나이까지 벼슬에 뜻을 버리지 않고 계속 과거에 응시하는 것이 관례였으나 남명은 30세 초반 늦어도 32살이 되던 해에 과거를 포기한 것으로 보인다. 이 문제에 대해서는 2부에서 별도로 언급할 것이다.

결혼

단천에서 돌아온 남명은 다음해인 22세에 자신보다 2세 연상으로 김해에 거주하는 남평 조수의 딸과 결혼하였다. 이 집안은 지역에서 소금장수를 하여 돈을 많이 모은 것으로 알려지고 있지만 크게 벼슬을 한 집안은 아니었다. 남명이 이 집안에 장가들게 된 배경에 대해서 단서가 될 만한 자료를 근래에 찾을 수 있었다. 관비와 사랑에 빠졌던 남명을 빨리 결혼시키고자 하는 마음이 부친에게 있었을 것인데, 남명의 집안은 부친이 다시 벼슬에 나가기는 하였지만 경제적으로는 매우 가난한 처지를 면하지 못하고 있었다.

그런데 당시 진주지역에는 남명의 집안과 불과 10촌 정도 되는 친척으로서 조숙기와 조윤손 부자가 거주하고 있었는데 이들은 벼슬에 나아가 관직이 승승장구하고 있었다. 조윤손은 아버지의 상을 당하여 삼년상을 지내고 있던 중에 삼포왜란을 당하여 조정의 부름을 받아 출전하여 큰 공을 세우고, 그 해에 세운 아버지의 비석의 끝에 '아들 통정대부 전 행 웅천 현감 김해 진관 병마절제도위 겸 감목 윤손 등이 세운다.'고 하였다. 남명의 가문과 조윤손의 가문은 일족으로서 일정한 교류가 있었고 서로에 대해서 매우 잘 알고 있던 관계라는 사실은 『남명집』의 「해관서문답」을 보면 충분히 확인할 수 있다. 이 무렵 조윤손이 42세의 나이로 김해진관 병마절제도위 겸 감목이란 벼슬을 하고 있었다면 그 휘하에 지역의 토호세력들에게 명예직으로 주어 국가의 위기에 도움이 되게 하는 '충순위忠順衛'라는 무관직 벼슬을 관리하고 감독하는 권한이 주어졌을 것은 당연한 일이다. 남명의 처가는 김해에서 소금장사를 하여 큰돈을 벌어 세력을 유지하고 있는 토호세력이었고 남명의 장인은 충순위 벼슬을 한 조수曺琇라는 인물이었다. 그렇다면 조윤손은 이 무렵에 조수라는 충순위 벼슬을 하던 김해의 부자로서 토호세력인 인물을 잘 알게 되었을 가능성이 매우 높다. 여기서 조윤손이, 문과로 벼슬길에 나간 조언형의 아들로 장래가 촉망되는 남명과 소금장수로 큰

돈을 벌어 지방의 토호로서 자리 잡아 충순위라는 벼슬을 하고 있었던 조수의 딸을 연결하여 중매하였다고 한다면 남명의 결혼과 관련한 의문은 쉽게 해소된다.

남명은 이 부인과의 사이에 1남1녀를 두었다. 짐작해보면 아마도 딸을 먼저 낳은듯하다. 이 딸은 나중에 상산 김씨 집안의 김행이라는 인물에게 시집갔다. 이 집안은 김해에 거주하고 있었고, 벼슬은 만호를 지낸 것으로 알려지고 있다. 그러나 이 딸은 아들을 낳지 못하고 딸만 둘을 낳았다. 남명에게는 외손녀가 된다. 남명은 나중에 이 두 외손녀를 직접 자신의 제자들 중에서 남편감을 골라 시집을 보내 주었다. 큰 외손녀는 동강 김우옹에게 시집을 보냈으니 의성 김씨 집안이고, 선생의 벗인 칠봉 김희삼의 아들이며 나중에 대사헌에까지 오른 인물이다. 작은 외손녀는 임진왜란 때의 의병장 홍의장군 망우당 곽재우에게 시집을 보냈다. 현풍 곽씨 집안이고 명문가였다. 망우당 곽재우는 흔히 의병장으로만 알고 있지만 사실은 학문도 대단하였다. 과거시험에서 2등으로 합격할 정도의 실력이었으나 선조가 곽재우의 답안지에 문제가 있다고 하여 낙방시켜 버렸다. 그 이후로 곽재우는 벼슬을 단념하였다.

남명의 두 외손녀와 외손녀사위 사이에는 재미있는 이야기가 전한다. 몇 년의 시간 차이가 있기는 하지만, 김우옹이나 곽재우에게 외손녀를 시집 보내려고 할 때 남명이 "어떠냐?"고 물었다고 한다. 그러자 그들의 반응은 "이쁩니까?"라고 되물었는데, 남명은 "혼인을 함에 있어서 그런 것은 묻는 것이 아니다"라고 하였는데, 그 뜻은 누구나 짐작하듯이 '이쁘지 않다'는 것이었다. 이에 그들이 시큰둥해지자 남명이 "그래도 가히 군자의 배필이 될 수 있다"고 하였다. 이 말은, 스승인 남명이 그들을 군자로 생각한다는 의미이고, 더하여 현모양처로서의 덕을 지니고 있다는 뜻으로 해석하여 결혼을 하였다. 그러나 결혼하여 살아보니 아내들이 남명의 성격을 물려받아 보통이 아니어서 부부싸움이 잦았다. 곽재우가 화가 나서 이의를 제기하려고 해도 그 상대가 스승인 남명이라 참고 또 참고 살았다. 그러다가 어느 날은 더 이상 참지 못할 지경이 되어 급히 말을 타고 스승이 계신 산천재로 항의하기 위해서 달려가는데, 의령의 대의삼거리를 지나다 보니 저쪽 합천 성주 방면에서 어떤 선비가 말을 타고 맥없이 오고 있는 것이었다. 자세히 보니 손 위의 동서인 동강 김우옹이었다. 반가운 마음에 인사를 하고 어떤 일이냐고 묻자, 동강이 아내와의 불화 때문에 스승에게 항의하러 가는 중이라는 것이었다. 두 사람이 의기투합하여 산천재에 이르러 허겁지겁 스승을 향해서 불만을 털어놓으니, 남명이 곽재우를 보고서 "그 일로 왔는가? 나는 자네가 벌써 찾아올 것으로 생각하고 있었는데 그동안 많이 참았구먼!" 하고 웃는 것이었다. 어이가 없어 "무슨 말씀이냐"고 묻자, "결혼 당시에 내가 무어라고 하던가?"라고 하였다. 이에 곽재우가 "가히 군자의 배필이 될 수 있다고 하셨지 않습니까? 그런데 세상에 이런 군자의 배필이 어디 있습니까?"라고 하였다. 이에 대해 남명은 "내 말의 뜻은 그런 것이 아니었네, 내가 잘 알지만, 자네들 같은 군자가 아니고서는 어찌 그런 아내와 같이 살겠는가라는 뜻으로 한 말이었네"라고 하였다. 어이가 없어하는 두 사람을 앞에 두고 남명은 한 마디 더 하였다. "지금 돌아 가봐야 또 부부간에 싸움밖에 더하겠는가, 이왕 여기까지 왔으니 몇 달 동안 공부나 열심히 하고 돌아가게" 하였다. 이 말에 맥이 완전히 빠진 두 사람은 시간도 늦어 하루를 묵게 되었고, 다음 날 새벽에 곽재우는 집으로 돌아가 버렸다. 그러나 김우옹은 천성이 착해서 스승이 시키는 대로 남아서 공부하다가 나중에 돌아갔다는 이야기다. 그 뒤에 만들어진 이야기는 김우옹은 그 길로 학문에 전념하여 훌륭한 학자가 되었고, 곽재우는 울분을 해소하기 위하여 산으로 들로 말을 타고 다니면서 무술을 연마하여 무예와 병법이 신묘한 경지에 이르렀다. 그래서 임진왜란이 일어나자 뛰어난 무예와 신출귀몰한 병법으로 의병을 일으켜 큰 전공을 세우게 되었다는 이야기다. 이야기의 흥미는 여기서 그치는 것이 아니라, 남명은 이미 그들을 외손녀사위로 맞이할 때부터 선견지명으로 모든 것을 알고 있었으므로, 그들에게 이쁘고 애교 많은 아내가 아니라 못생기고 성격도 고약한 자신의 외손녀를 아내로 주었다는 것이다.

남명은 결혼 후 15년 만인 36세에 아들 차산을 얻었다. 옛날에는 그 나이이면 손자도 볼 수 있는데 늦은 나이에 아들을 얻은 것이었다. 남명에게는 형이 한 명 있었지만 결혼하여 딸만 하나 두고서 일찍 세상을 떠났다. 그러므로 남명은 자연스럽게 집안의 종손으로서 역할을 하게 되었는데, 그 나이에 아들을 얻어 집안의 대를 이을 수 있게 되었으니 그 기쁨은 이루 말로 표현할 수 없는 정도였다. 더구나 아들 차산은 참으로 영특하였다. 그런데 불행하게도 남명이 44세 되던 해에 9세의 나이로 요절하였다. 참으로 하늘이 무너지는 일이었다. 남명도 9세에 큰 병을 앓은 적이 있었지만 살아났는데, 아들은 같은 나이에 병을 이기지 못하고 세상을 떠난 것이다. 아마도 이 아들을 산해정의 오른편 산자락에 묻은 것으로 짐작할 수 있으니, 그 산을 다른 이름으로 '조차산'이라고 하기 때문이다. 조차산은 바로 그 아들의 이름이기도 하다.

아들을 잃은 후 남명 부부의 관계는 상당히 소원해진 듯하다. 이 사실은 여러 기록들에서 알 수 있지만 제자인 내암 정인홍이 쓴 기록을 보면, 남명의 가장 가까운 벗 중의 한 사람인 황강 이희안의 증언을 인용하여 '부부의 관계가 남들이 보기에는 소원한 듯하지만 남들이 모르는 정이 있었고 끝까지 은의를 끊지 않았다'고 하고 있다. 아들이 죽은 후 1년 뒤에 어머니가 돌아가시고 고향으로 모셔서 3년상을 지내고 남명은 김해를 떠나 고향(외가)인 토동으로 돌아와 아우와 함께 지냈다.

이 시기 남명의 명성은 전국적으로 알려져 있었고 사방에서 제자들이 몰려들었다. 그리하여 김해의 부인이 남명이 살림집으로 사용하도록 '계부당'을 지어주고, 제자들과 강학할 장소로 '뇌룡정'도 지어주었다. 더불어 노비들도 보내주어 자신을 대신하여 남편의 수발을 들도록 배려하였다. 이후 남명은 아마도 경제적으로는 김해에 남아 있던 부인의 도움으로 살림을 꾸린 듯하며, 1년에 몇 달은 김해로 가서 생활을 한 것으로 나타난다.

61세에 또 다시 오늘날 산청의 덕산으로 거처를 옮기자 김해의 부인은 다시 살림집으로 '뇌룡사'를 지어주고, 강학의 장소로 '산천재'를 지어주었다. 앞에서 언급했듯이 남명이 두 외손녀를 혼인시키고 난 후에는 아마도 그 딸이 친정으로 와서 어머니와 함께 거주하는 시간이 많았던 듯하다. 그리고 부인은 남명이 68세 되던 해에 70세의 나이로 세상을 떠났다. 나중에 남명이 영의정으로 추증되어 부인은 정1품 정경부인으로 봉해졌는데, 오늘날 부인의 묘소는 산해정 앞쪽의 작은 동산에 딸의 무덤과 나란히 있지만, 아들로 후손을 잇지 못한 탓에 그 무덤은 정경부인의 격에 어울리지 않게 초라하다. 그래도 지금까지 이 무덤은 남명의 후손들이 해마다 몇 차례씩 벌초와 성묘를 하고 가을에는 묘사도 지내고 있다.

창강 김택영이 지은 '정경부인 남평 조씨 묘갈명'에 보면, 남명이 한 평생 벼슬에 나가지 않고 자존감을 지키며 살 수 있었던 공적은 모두 이 부인의 덕이라고 하고 있고, 또한 남명의 후처에게서 태어난 아들도 부인이 김해로 데려가 잘 먹이고 입히며 길러주었다고 하고 있다. 풍수가들은 부인의 무덤이 있는 동산을 신어산 자락에 있는 산해정과 연관 지어 선비의 책상에 해당한다고 한다. 남명의 일생에서 이 부인에게서 받은 혜택은 결코 적지 않다고 할 수 있다.

남명의 일대기를 기록하고 있는 글에서는 모두 25세에 절에서 과거공부를 하다가 『성리대전』에서 원나라 때의 학자 노재 허형이 쓴 글인 '이윤의 뜻을 뜻으로 삼고 안자의 학문을 학문으로 삼아, 나가서는 큰일을 하고 물러나서는 지킴이 있어야 하나니 대장부는 마땅히 이와 같아야 한다.'는 구절을 보고 크게 깨달아 학문의 대전환을 이루었다고 하고 있다. 그리고는 공자 주렴계 정명도 주회암 등 4명의 흉상을 작은 병풍에 그려두고 아침저녁으로 참배하였다고 하고 있다. 그러나 이 내용은 이미 앞에서 인용한 남명 자신의 글과 다른 부분이 있으므로 뒤에서 다시 언급하겠다.

부친상

26세 때에 아버지가 세상을 떠났다. 이 당시 아버지는 승문원 판교로 재직하다가 제주목사로 발령이 났다. 병이 들어 부임할 수 없다고 아뢰었는데, 조정에서는 험한 곳으로 가기 싫어서 아프다는 핑계를 대는 것이라고 하여 모든 벼슬을 삭탈하였다. 얼마 되지 않아 병이 깊어져 세상을 떠났다. 참으로 원통한 일을 당한 것이다.

3년상을 지내고 난 후 28세 때에 남명은 스스로 아버지의 묘갈명을 지어서 무덤에 비석을 세웠다. 이 글은 자식으로서 아버지의 일생을 서술하는 문장의 전형으로 꼽을 수 있을 정도로 깔끔하게 쓴 글이다. 그 내용 중에 '병을 핑계로 어려운 일을 회피하였다는 죄에 걸려 관작을 모두 삭탈 당하였다. 장례를 지내고 난 다음에 임금에게 원통함을 호소하자, 판교 이하의 관작을 회복한다는 명이 내려졌다. 아, 이것이 어찌 밝은 세상의 일이겠는가!'라고 한 내용에서 그 사정을 알 수 있다.

또 그 내용 중에는 '아버지가 23년 동안 벼슬에 종사하였으나 품계는 고작 3품에 지나지 않아 아첨하여 영화를 취하지 않았음을 알 수 있다'고 하였고, '임금을 섬기고 백성을 다스린 경우, 서술할 만한 덕이 있으면 사관이 기록을 하고, 백성들이 한결같이 말을 하여 전해 온다. 그러니 과장하고 둘러댈 바에는 뇌(誄: 생애를 기록한 글)를 짓지 않는 것이 마땅하다'고도 하였으며, '벼슬살이를 이십 년 동안 하였지만 돌아가셨을 때 예를 갖출 수가 없고, 집에서는 먹고 살 길이 없었으니, 자손들에게 남겨 준 것은 분수에 만족하라는 것 뿐'이었다고도 기록하고 있다. 이를 보면, 당시 부친의 성격과 집안의 실상을 제대로 알 수 있는 것이다.

아버지의 죽음은 남명에게 세상에 대한 회의와 앞으로의 삶에 대한 많은 고민을 하게 하였다. 3년상을 마친 후 아버지의 묘갈비를 세우고 절친한 친구인 성우와 더불어 지리산을 유람하였다. 남명은 지리산을 매우 좋아하여 평생 11차례 이상 유람하였는데 기록상으로는 이때가 첫 유람이다.

29세 때에는 삼가의 집에서 멀지 않는 의령의 자굴산에 머물며 학문에 전념하였다. 자굴산 명경대는 산의 북쪽 정상 아래에 우뚝 솟은 바위가 거울처럼 보인다고 해서 붙인 이름이다. 명경대 바로 아래에 지금은 없어졌지만 작은 절이 있었는데 그곳에서 독서하였다. 남명이 방에 있으면 인기척이 없어 무엇을 하고 있는지 전혀 알 수가 없었는데 새벽녘에도 방 앞을 지나다 보면 책장을 넘기는 소리가 들리는 것으로 독서하고 있음을 알았다고 절의 승려가 이야기를 전해주었다고 한다.

3장

30대 :
산해정, 남명학의 형성,
과거 포기

산해정

30세에는 김해의 처가로 거처를 옮겼다. 아버지가 돌아가신 후 물려받은 재산이 거의 없어 가족들이 생계를 잇기가 어려웠기 때문이다. 약간의 전답은 아우인 조환에게 주어 생계를 유지하도록 하고, 자신은 어머니를 모시고 부유한 처가가 있는 김해로 간 것이었다. 김해의 신어산 자락에 별도로 아늑한 집을 지어 산해정이라고 이름을 붙였으니, 그 뜻은 '높은 산에 올라서 넓은 바다를 내려다본다.'는 의미를 담았다.

산해정의 낙성을 맞이하여 벗들이 모여서 학문을 강론하였는데 대곡 성운, 청향당 이원, 송계 신계성, 황강 이희안 등 많은 명사들이 모여 당시 사람들이 '하늘의 덕성이 모였다'고 할 정도였다. 이 중에서 송계 신계성과 황강 이희안 그리고 남명 세 사람을 세인들은 '영중삼고' 즉 '영남지방의 빼어난 세 명의 선비'라고 불렀다.

대곡 성운은, 남명이 서울에 살 때 한 이불을 덮고 같이 잘 정도로 친한 사이였고, 나중에는 평생 가장 절친한 친구이자 남명이 그 처세술을 존경한 인물이었다. 황강 이희안은 그의 어머니가 최윤덕 장군의 따님이다. 남명의 외할아버지 부인이 최윤덕 장군의 딸이므로, 두 사람은 외가 쪽으로 인척이 된다. 그래서 남명은 늘 이희안에게 형제와 같은 생각을 가지고 있다고 하였다. 송계 신계성은 밀양에 살았는데, 남명이 김해에 거주하면서부터 매우 깊은 학문적 교유를 하였다. 두 사람 사이에는 나중에 영의정까지 오른 동고 이준경 형제가 매개가 된 듯하다. 남명은 청년기에 서울에서 이윤경 이준경 형제와 매우 가깝게 지냈는데, 이준경의 어머니가 바로 신계성의 고모였으므로 일찍부터 서로의 이름을 알고 있었고, 어쩌면 청년 시절에 서울에서 만났을 수도 있다. 이준경 형제의 할아버지와 아버지는 갑자사화에 연루되어 집안이 풍비박산이 되었다가, 두 형제가 우여곡절 끝에 출세하여 명문가의 명맥을 이어간 인물이다. 청향당 이원은 남명과 일찍부터 알고 지낸 사이는 아니었던 듯하며, 아마도 같은 합천 이씨 집안이었던 황강 이희안을 통하여 알게 된 것으로 추측된다. 이원은 단성에 거주하였으므로 나중에 남명이 서부경남의 인물들과 교류하는데 많은 역할을 했을 것으로 보인다. 이외 남명의 벗들에 대한 이야기는 중간 중간 언급한다. 남명은 대략 45세까지 산해정에서 거주했는데, 이 시기에 그의 생애에 있어 매우 중요한 일이 몇 차례 일어난다.

31세와 32세에는 서울의 벗들인 규암 송인수와 동고 이준경 그리고 성우 등이 『대학』『심경』『동국사략』 등의 책을 보내주고 남명은 이에 대해 자신의 느낌을 글로 남겼다. 36세에는 늦게 아들 차산을 얻었다. 그리고 38세에는 이언적과 이림의 추천으로 처음으로 헌릉참봉에 제수되었으나 사양하였다.

남명학의 형성

산해정은 갑자기 김해지역 학문의 중심으로 부상하였다. 그리고 여기서 남명학의 기본이 형성되었다. 당시 경남지역 사족들의 활동 양상을 보면, 두 가지 부류가 지역적으로 나누어지는 현상을 알 수 있다. 진양을 중심으로 하는 오늘날의 서부경남 인물들이, 호족 세력으로 있다가 재지사족으로 전환하면서 고려 말부터 조선 전기에 이르도록 계속 중앙의 벼슬에 나가는 관학파 계통이 있고, 낙동강 연안 지역을 중심으로 조선 초기에 벼슬을 버리고 낙향하여 새로운 재지사족으로 기반을 구축하는 사림파 계통이 있다. 이 두 계통에 대한 종합적 이해가 있어야만 오늘날 일반적인 관점에서 이해하는 조선시대 경남 선비정신의 원형을 알 수 있다. 남명에 의해 정립된 경남정신 내지는 경남의 선비정신은 지금까지 남명이 그 원류인 것으로 알려져 있다.

경남 유학의 두 가지 흐름은 남명에서부터 하나로 합하여 독특한 전통을 이루게 된다. 진양의 하씨 정씨 강씨 등이 중심이 된 여말선초 관학파 유학의 흐름이 있었고, 함양의 풍천노씨 삼척박씨 남원양씨 하동정씨 등 조선전기 관학파, 그리고 합천의 남평문씨, 함안의 생육신 가문 함안조씨, 창녕의 조선전기 벌족인 사육신 집안 창녕성씨 등이 관학의 전통을 계승하고 있었다. 이 계통에는 다시 진주의 지족당 조지서와 사천의 구암 이정 등도 포함된다.

한편으로는 낙동강 연안에서 조선초기부터 새롭게 형성된 사족 집단이 사림파의 전통을 만들어가고 있었다. 밀양의 김종직 이후 청도의 김일손과 현풍의 김굉필 그리고 함양의 정여창 등이 그 중심인물이었다. 이 부류는 조선초기에는 벼슬을 버리고 낙향 또는 새로운 거점을 확보하기 위하여 경남지역으로 내려왔으나 2-3세대가 지난 뒤에는 다시 과거를 통하여 벼슬에 나가게 된다. 그들은 벼슬에 나가는 명분으로 '절의와 도학'이라는 한 개념과 성리학 중에서도 『소학』과 『가례』의 향촌보급이라는 또 다른 개념을 내세우게 된다. 이 전통은 한편으로 청도에서 삼족당 김대유와 소요당 박하담 그리고 밀양에서는 송계 등이 계승하고 있었으며, 거창에서는 한 세대 뒤에 갈천 임훈 형제들도 맥락을 같이 하고 있었고, 합천 초계에서는 황강 이희안 집안의 형제들도 있었다. 이들 중 김대유 신계성 이희안 등은 그 집안이 사화에 연루되어 큰 피해를 입었다. 박하담과 임훈은 소과에는 급제하였으나 대과에는 실패한 인물이다. 박하담은 벼슬로 불렀으나 나가지 않고 은거하였으며, 임훈은 벼슬에 나아갔다가 얼마 안 되어 낙향해서 여생을 보냈다.

한편, 경남의 두드러진 한 특징이 문무를 함께 중시하는 상무적 전통을 지키고 있었다는 점도 빼놓을 수 없다. 조선 초기 최윤덕은 무과를 통하여 정승에까지 오른 특별한 인물이며, 송당 박영과 그 문하의 인물들이 무武를 숭상하고 있었던 사실은 남명이 그의 벗인 황강 이희안과 삼족당 김대유를 묘사한 글에서도 잘 나타나고 있다. 경남은 지역적으로 고려 말부터 왜구의 침탈이 잦아 생존을 위해서 스스로를 방어할 수 있는 능력을 배양해야만 했던 현실도 무시할 수 없었을 것이다. 더구나 낙동강 연안지역은 배를 이용하여 침탈하는 왜구들이 쉽게 약탈을 자행할 수 있는 여건이었다. 그러나 어쩌면 이 지역이 그 옛날 가야의 중심지였다는 사실을 기억한다면, 상무적 전통을 이해하기에 더 좋은 배경을 찾을 수도 있지 않을까 생각할 수 있다.

이렇게 서부경남의 관학파 전통과 낙동강 연안의 사림파 전통 그리고 또 한편의 상무적 기질은 남명에게서 통합되어 독특한 경남의 특징으로 나타나게 된다. 불의에 저항하여 목숨을 걸고 싸우는 상무적 기질에, 관학파와 사림파가 출처에 대해 서로 다른 전통과 명분을 갖고 있었던 것이 '출처의 리出處義理'에 대한 남명의 개념정립으로 통합되었다고 볼 수 있다. 이러한 남명학의 기본이 바로 산해정에서 이루어진 것이고, 그 결정적인 배경에는 낙동강 연안 사림파와의 학문적 교류가 있었던 것이다.

과거 포기

남명은 평생 열세 차례 정도 벼슬을 제수 받은 것으로 나타나지만 단 한 번도 부임하지 않았고, 그 자신의 말에 의하면 세 번의 대과 응시는 모두 실패로 끝났다.「편년」에 의하면, 남명이 과거를 완전히 포기한 때가 37세로 되어 있지만 이 기록은 다소 의문이 있다. 앞에서 보았지만 그가 32세에 쓴 글에서, 과거에 실패하고 난 뒤에 비로소 평이한 문체를 공부하기 위해『성리대전』을 읽기 시작하였다고 하고 있기 때문이다. 이는 남명이 25세에 절에서『성리대전』을 읽다가 노재 허형이 말한 구절을 보고서 학문의 방향을 전환했다고 하는 일반적인 기록과는 배치되기 때문이다. 25세에 학문의 전환을 이루었다는 이야기는 남명 자신의 말이 아니고 제자들의 기록에서 나타나며, 남명 자신은 32세에『성리대전』을 읽었다고 하고 있는 것이다.

남명이 학문적 전환을 이룬 것이 25세인가 32세인가는 중요하지 않을 수 있지만, 사실 이 문제와 남명이 과거시험을 포기한 것은 밀접한 연관이 있다. 문제의 핵심은 남명이 책을 읽다가 허형이 말한 '이윤의 뜻을 뜻으로 하고, 안회의 배움을 배움으로 한다.'는 구절을 보고서 크게 깨달아 학문의 방향을 전환했다고 하고 있음이다. 과거 공부를 하다가 학문의 방향을 바꾸었다면 그 방향은 어떤 것이었을까? 이 구절에 등장하는 이윤은, 탕 임금이 하나라를 무너뜨리고 상나라를 세우고서 나라를 안정시키기 위해 유신이란 초야에서 농사짓고 있던 이윤을 초빙하여 재상을 맡겨 짧은 기간 안에 신흥 국가를 반석 위에 올린 인물이다. 즉 이윤은 벼슬에 나아가 큰 업적을 이룬 인물인 것이다.

이에 반해서 안연은 공자의 제자로 시장통에 살면서 굶기를 밥 먹듯이 해 30대 초반의 나이에 머리가 하얗게 세어서 죽은 인물이다. 공자가 너무나 사랑하고 기대했던 제자인지라, 그의 죽음에 공자가 "하늘이 나를 버리는구나, 하늘이 나를 버리는구나!"하고 슬피 울었다고 한다. 안연은 벼슬에 나가지 않은 인물이다. 그 유명한 말인 '한 도시락의 밥과 한 표주박의 물 그리고 팔베개를 하고서 잠을 자더라도 즐거움이 그 가운데에 있다.'고 한 말의 주인공이기도 하다. 혼탁한 세상에 벼슬에 나가지 않고 재야에서 자신의 지조를 지키며 그 속에서 즐거움을 찾은 것이다.

남명이 과거공부를 하다가 학문의 방향을 바꾸었다고 하면, 바로 안연의 길 즉 재야에서 자존감을 지키는 것으로 자신의 정체성을 확보했다는 말이 될 것이다. '벼슬에 나가서 하는 일이 없고, 초야에 있으면서 지키는 지조가 없다면 어디에서 인간의 가치를 찾을 것인가'라는 질문에 대해 남명은 안연의 삶을 모델로 설정하여 벼슬에 나가서 뜻을 펼 수 없는 상황에서는 재야에서 지조를 지키기로 한 것이다.

남명은 적어도 32세 무렵에는 이미 벼슬에 나갈 뜻을 완전히 접은 것으로 보인다. 친구가 보내준 책에 자신의 느낌을 쓴 글에서 그 마음을 충분히 읽을 수 있기 때문이다. 또한 남명은 32세 때에 서울에 남아 있던 집마저 자형인 이공량에게 싼 값으로 넘기고 서울생활을 완전히 청산했다. 더 이상 서울에 대한 미련을 두지 않고 끊어버린 것이다. 그렇다면 남명이 벼슬에 나갈 생각을 접은 시기를 이 무렵으로 보아야 할 이유가 또 생긴 것이다. 게다가 남명은 이미 그 당시까지 스스로가 말한 대과에 세 번 응시했다는 기록도, 중간에 아버지의 죽음으로 삼년상을 치르는 기간을 제외하더라도 충분히 확인되고 있다.

더 중요한 사실은, 이 무렵 남명이 서울생활을 청산하고 김해로 내려올 때 절친한 친구인 대곡 성운이 지어준 시에서도 그 실상을 알 수 있다는 것이다.

冥鴻矯翼向南飛　큰 기러기 날개 떨쳐 남쪽으로 날아가니,
正値秋風木落時　가을바람에 낙엽 지는 바로 그때로구나.
滿地稻粱鷄鶩啄　땅에 가득한 곡식 닭 오리 쪼아 먹거늘,
碧雲天外自忘飢　푸른 구름 하늘가에서 스스로 배고픔 잊는구나.

여기서 남명冥鴻은 하늘 높이 날아가는 기러기이니, 원대한 이상을 가지고 세상을 피해 은거하는 선비를 비유한다. 대곡은 이미 그때에 남명의 기질을 간파하였다. 남명은 닭이나 오리처럼 땅에 흩어진 모이를 쪼는 세속적인 삶을 벗어나고자 한 것이다. 남명의 낙향이 중국 동진시대의 장한張翰이 벼슬을 버리고 떠나던 그 시절과 같음을 들어 그들의 마음이 하나임을 밝히고, 남명이 벼슬에 완전히 뜻을 끊었음을 나타내고 있다. 그리고 바로 이 시의 첫 구절에서 '남명'이라는 그의 호를 취했다고 전하고 있다. 남명이란 호를 사용하면서부터 이미 벼슬에의 뜻은 버린 것이다.

남명도 「친구의 운자에 따라」라는 시에서 '순채국과 농어회 속에 많은 뜻 있으니, 강동으로 가는 한 척 돛단배를 보면 이해하리(蓴鱸裏面猶多意 只會江東一帆看)'라고 하여, 자기의 뜻이 동진의 장한과 같음을 나타내었다. 장한은 가을바람이 불자 조정에서 벼슬하던 것을 그만두고 '사람은 제 뜻대로 사는 것이 중요하다. 벼슬에 얽매여 녹과 명예를 구하여 무엇하리!'라고 하고는 고향으로 돌아갔는데, '뜻이 많다'고 한 것은 당시의 정치적 상황이 어지러워져 미리 피하고자 하였음을 내포하고 있다. 남명은 자신이 벼슬에 나아가지 않는 마음과 같은 것임을 표현한 것이다.

남명의 「편년」에는 33세에 향시에서 1등으로 합격하고, 다음해에 회시에서 불합격하였다고 하고 있지만, 여기에도 의문이 있다. 이미 잘 알려진 것처럼, 동감내기인 남명과 퇴계는 편지는 서로 주고받았지만 평생 한 번도 서로 만난 적은 없다. 그런데 퇴계가 과거에 급제한 것은 바로 34세 때의 일이다. 이 과거에서는 정원 33명을 뽑지 않고 26명만 선발하여 퇴계는 을과

1등 즉 전체 4등의 성적으로 합격하였다. 그러니 만약 당시에 남명이 과거에 응시했다면 그들이 만났을 것이다.

또 당시 시험에 출제된 장편 서사시인 '부賦'의 제목이 바로 '민암民巖'이었는데, 『남명집』에 그 유명한 「민암부」가 수록되어 있다. 남명의 「민암부」는, 백성을 물에 비유하고, 임금을 배에 비유하여 물이 배를 띄우기도 하지만 배를 뒤집어엎을 수도 있다는 역성혁명 사상을 담은 민본주의를 말하는 대표적 작품이다. 남명이 아무리 담력이 큰 사람이라도 이런 답안지를 제출하지는 못했을 것이다. 만약 남명이 이런 답안을 제출했다고 한다면 아마도 조정이 발칵 뒤집어졌을 것이다.

옛날에는 과거시험의 답안을 문집에 수록하는 경우도 있었지만, 과거에 응시하지 않은 사람이 시험의 제목을 듣고서 가상의 답안지를 작성하여 문집에 남기는 경우가 흔히 있었다. 남명도 시험에 응시하지 않고 문제의 제목을 전해들은 후에 가상의 답안지로 이 「민암부」를 지었을 가능성이 매우 높다. 이러한 정황도 남명이 34세에 과거에 응시하지 않았다고 볼 수 있는 하나의 방증이 된다.

36세에 정지린이 찾아와 배웠다고 했으니, 이때부터 남명이 제자를 가르치기 시작한 것으로 나타난다. 38세에는 이언적과 이림의 추천으로 처음 헌릉참봉의 벼슬이 내려졌다. 그러나 사양하고 나가지 않았다. 이로부터 계속 벼슬이 내려졌으나 처사로서의 지조를 지키며 단 한 번도 부임하지 않았다. 과거시험을 포기한 남명은 임금이 주는 벼슬을 철저히 사양한 것이다.

4장

40대 :
을사사화, 모친상,
산해정에서 뇌룡정

을사사화

남명 43세에 당시 경상감사로 부임한 회재 이언적이 편지를 보내어 한 번 만나자고 청하였다. 이에 대해 남명은, 다음에 회재가 벼슬을 버리고 고향에 물러나 있으면 서로 관직이 없는 상태에서 만나보아도 늦지 않을 것이라고 답장을 보내고 만나지 않았다. 남명은 회재 이언적에 대해서 별로 좋은 감정을 가지고 있지는 않은 듯하다. 이언적이 관기와의 사이에서 낳은 자식에 대한 내막을 잘 알고 있었던 남명은 이언적의 처신을 달갑게 보지 않았기 때문인 듯하다. 또한 이언적이 남명을 벼슬에 천거한 적이 있었는데, 이에 대해서도 남명은 자신과 한 번도 만나보지 않은 사람이 다른 사람의 말만 듣고서 제3자의 인물됨을 판단하여 천거하는 것은 적절한 일이 아니라고 하여 이언적의 인물됨을 비판적으로 보았다.

남명에게 있어 40대 중반은 인생에서 가장 모진 시련의 시기였다. 44세에 아들 차산이 9세의 나이로 요절하여 후사가 끊어지는 슬픔을 당했다. 그 아픔이 채 가시기도 전인 45세에 을사사화가 일어나 절친한 벗들이 죽임을 당했다는 소식을 들었다. 그 대표적인 인물이 이림 곽순 성우 등이었다. 이림은 당시 병조참의로 있다가 귀양 가서 다음해에 사약을 받았다. 곽순은 사간을 역임하고 명종이 즉위하여 윤원형의 횡포가 심해지자 벼슬을 버리고 운문산으로 들어갔으나 을사사화에 곤장을 맞아 죽었다. 성우는 참봉의 자리에 있었으나 죽임을 당하였다.

을사사화는 인종과 명종의 왕위 계승문제에서부터 뿌리가 만들어져 있었다. 인종이 즉위하여 8개월 만에 죽자 문정왕후가 낳은 경원대군이 12살의 나이로 왕위에 오르니 바로 명종이었다. 이에 문정왕후가 수렴청정을 하게 되면서 이른바 대윤과 소윤의 싸움으로 대윤이 몰락하는 사태에서, 인종 재위 때에 중용되었던 사림파도 함께 타격을 입는 상황이 되었던 것이다. 당시 남명의 절친한 벗들은 조정에서 큰 역할을 할 수 있는 상황이었지만 훈구파의 득세로 죽임을 당하는 지경이 되었다. 또한 이 사화는 이후 여러 해 동안 지속되면서 지속적으로 사림파를 숙청했는데, 1547년 양재역 벽서사건으로 남명의 벗인 송인수도 죽임을 당하게 된다. 송인수는 죽기 얼마 전에 남명의 어머니 인천 이씨의 묘갈명을 지어줄 정도로 각별한 사이였다. 송인수는 대사성을 거쳐 대사헌으로 있으면서 윤원형을 탄핵하였다가 한성부좌윤으로 좌천되었다가 을사사화 때 파직당하여 청주에 있다가 이때에 사약을 받았다.

을사사화로부터 시작된 사림파에 대한 탄압은 8년 뒤 명종이 직접 왕권을 행사할 때까지도 계속되어 100여 명 이상의 사림파가 목숨을 잃게 된다. 이 사건으로 남명은 마음에 크나큰 충격을 받게 되었고, 이때 죽은 벗들을 자신이 세상을 떠나는 날까지 잊지 못하고 슬퍼하며 안타까워했다고 기록되어 있다. 이 사건으로 남명의 벼슬에 대한 생각은 더욱 확고해져서 거듭

되는 부름을 받고서도 끝내 나가지 않는 결심을 굳히게 되었다.

모친상

을사사화가 일어나 10월에 벗들의 죽음을 전해 듣고 분노와 슬픔이 복받쳐 오를 때 곧이어 11월에 어머니 인천 이씨가 세상을 떠났다. 아들의 죽음, 벗들의 죽음, 어머니의 죽음이 연이어 닥친 것이다. 어느 것 하나도 극도의 분노와 슬픔을 동반하지 않을 수 없는 사건의 연속이었다. 어머니의 시신을 모시고 고향의 선산에 장례를 지내고 3년의 시묘살이에 들어갔다.

어쩌면 어머니의 죽음이 남명에게는 인생의 제2 전환기를 가져온 획기적인 사건이라고 생각된다. 만약 이 당시에 어머니가 세상을 떠나지 않았다면, 남명은 그 슬픔과 분노를 어떻게 다스렸을까! 세상에 대한 원망 때문에 온전한 정신으로 살아가기 힘들었을 것이다. 어머니의 죽음으로 3년상을 지내면서, 그 기간에 남명의 분노는 내면으로 녹아내려 깊은 성찰의 시간으로 승화하였다. 시묘살이 중인 47세에 어머니의 묘갈비를 세우고, 다음 해 2월에 3년상을 마쳤다.

송인수가 지은 묘갈명을 보면, 향년 70세에 세상을 떠난 어머니는 유순하고 선량하며 공경과 봉양을 두루 갖추었고 정숙하고 온화한 인물이었음을 알 수 있다. 그 명銘에서는 '어진 아들 낳아서 의방義方(떳떳하고 반듯함)으로 가르쳤으니 도학의 진결이고 유림의 명망이다'라고 하여, 남명을 낳아 훌륭한 학자가 되도록 가르친 덕을 칭송하고 있다. 이 글을 지을 당시 송인수는 이미 남명의 학문이 성리학의 진수를 터득한 경지에 이른 것으로 보고 있는 것이다.

이 묘갈명에서는 다음과 같은 일화도 이야기 하고 있다.

판교공이 부인보다 먼저 세상을 떠났는데, 관직에 있을 때에 청렴하고 근
신하여 자신의 몸을 위해 돌보지 않았으니 가난하기가 초라한 선비와 같았
다. 품계가 통정대부에 올랐으나 단지 말 한 필뿐이어서 이를 팔아 관복을
장만하였으니 참으로 부인의 내조가 극진하였다.

남명의 부친이 얼마나 청렴하였고, 부인의 내조가 얼마나 지극하였는지
를 알 수 있게 하는 내용이다.

산해정에서 뇌룡정

48세에 김해를 떠나 외가가 있던 토동에 거처를 마련하였다. 아마도 이
무렵에는 이미 남명의 본가가 외가인 토동으로 이사를 와 있었던 듯하다.
기록에 보면, 남명이 토동으로 돌아왔을 때 아우인 환과 한 집에서 살았다
고 하고 있기 때문이다. 김해의 부인은 남명과 함께 토동으로 돌아오지 않
았다. 대신 남편인 남명에게 살림집인 계부당과 강학의 장소인 뇌룡정을 지
어주고 노비를 보내준 것으로 나타난다. 이때부터 남명은 고향에 거주하면
서 가끔씩 김해를 방문한 것으로 보이고, 부인은 남명의 생계를 보살펴 준
것으로 볼 수 있다. 계부당은 닭이 알을 품듯이 내면을 성찰하고 함양한다
는 뜻을 담았고, 뇌룡정은 '연못처럼 잠잠하다가 우레처럼 소리치고, 시동
처럼 가만히 있다가 용처럼 날아오른다(淵默而雷聲 尸居而龍見)'는 뜻을 담
았다.

이 해에 임금으로부터 전생서 주부에 임명한다는 교지를 받았으나 나가
지 않았다. 김해에서 삼가로 돌아온 남명은 이제 새로운 삶의 길을 확고히
하고 있었다. 3년상을 통하여 지극한 분노와 슬픔을 내면으로 용해시킨 그
는 다시 그것을 분출시킬 방법을 숙고하고 있었다. 더불어 이 시기에 그는
자주 산수유람을 통하여 만년의 계획을 도모하고 있었던 것으로 보인다. 49

세에는 거창의 감악산을 유람하고 다음과 같은 「냇물에 목욕하며(浴川)」라는 시를 남겼다.

全身四十年前累   온 몸에 사십 년간 찌든 허물,
千斛清淵洗盡休   천 섬 맑은 물에 다 씻어 버린다.
塵土倘能生吾內   먼지 티끌 혹시 내 안에 생긴다면,
直今刳腹付歸流   곧바로 배를 도려내어 흐르는 물에 부치리!

참으로 섬뜩한 자기반성의 시다. 자연을 감상하며 목욕하면서 지은 시로는 너무나 강렬한 각오가 담겨 있다. 이제 세속에 대한 그 어떤 욕망도 다 버리겠다는 심정을 고스란히 드러내었다. 그렇다! 버리면 다른 것을 얻게 되고, 비우면 다른 것으로 채워지게 되는 것이 세상의 이치이다. 남명은 온갖 미련과 족쇄를 버리고 새로운 희망과 자유를 얻은 것이었다.

김해로부터 고향으로의 회귀는 어머니 봉양이라는 굴레로부터 벗어남이요, 세상에 대한 미련의 버림이요, 자식을 잃은 슬픔과 벗의 죽음에 대한 분노로부터의 탈출이었다. 또한 이 지역의 학문적 특성을 흡수하여 내면으로 온축시킨 공력을 새로운 모습으로 표출할 환경을 찾음이요, 거리낌 없이 세상을 향해 하고 싶은 말을 다 할 수 있는 자유의 획득이었다. 이 시기 남명은 사실상 그 이전 자신의 일정한 삶과의 단절을 선언하면서, 이미 어머니와 벗들과 자식의 죽음과 함께 자신도 한 부분이 죽은 것으로 인식하였던 듯하다. 그리하여 이제 새롭게 태어날 수 있게 되어, 새로운 삶의 길을 가게 되는 것이다.

5장

50대 :
부실副室과 세 아들,
우레와 용, 지리산 여행

부실副室과 세 아들

남명의 삶은 50세에 부실을 맞으면서 새로운 전환을 맞이한다. 3년상을 마치고 김해로 돌아가지 않고 고향에서 생활하기로 한 남명은 잠시 동안 동생과 함께 한 집에서 살았던 듯하다. 좁은 집에서 그렇게 사는 것이 불편했을 것이므로 김해의 부인이 계부당을 지어주고, 또 명성이 높아짐에 따라 전국의 명문가 자제들이 제자가 되고자 찾아오니 자연스럽게 학교인 뇌룡정도 지어주었다. 필요한 노비도 보내주었지만 부인이 따라오지는 않았으므로 생활에 다소 불편은 있었을 것이다.

일화에 의하면, 당시 제자들이 스승에게 부실을 들일 것을 권했다고 한다. 그러던 중에 이웃 마을에 살고 있는 은진 송씨 집안의 선비 송린宋璘에게 서녀가 있음을 알고 매파를 시켜 의사를 타진하게 되었다. 당시 이 서녀는 18세였는데, 50세가 된 남명의 후실로 선뜻 가겠다고 승낙했다고 한다.

그리하여 이후 남명이 세상을 떠날 때까지 22년간 함께 살면서 3남1녀를 낳고, 남명의 수발을 들게 된다.

이 부인은, 아버지가 결혼하기 전에 집안의 계집종과 정을 통하여 낳은 아이라고 전한다. 아버지의 형이 그 아이를 데려다 대신 키우고 동생은 양가의 규수를 맞이하여 장가보냈다고 한다. 큰아버지 집에서 자란 아이는 양반가의 법도를 익혀 반듯하게 자랐는데, 13살이 되던 해부터 시집보내기 위해 여러 곳에 혼처를 알아보았으나 어느 곳도 마음에 들어 하지 않았다. 그러다가 18세가 되어서 남명의 후실 자리를 선뜻 승낙하였다고 한다. 재미있는 상황은, 당시 이 후실의 아버지는 형식적으로 남명의 장인이 되는 셈이지만, 남명보다 나이가 8살이나 적었다.

남명에게 시집온 이 부인의 삶은 그야말로 쉬운 것이 아니었다. 가난한 선비이면서도 그 명성은 전국적으로 알려진 남편의 수발을 드는 일이 결코 쉬울 수 없는 것이다. 시도 때도 없이 명문가의 자제들이 제자가 되기 위해 찾아오고, 기라성 같은 벗들이 수시로 오고 가는 상황이지만 가난한 살림에 그들을 접대하는 일이 얼마나 어려웠을까! 게다가 집안을 꾸려가는 경제적 뒷받침은 김해의 본부인으로부터 도움을 받는 실정이었으니 그 눈치를 보는 것은 또 어떠했을까! 옛날 양반가의 기본은 봉제사 접빈객이 중요하다.

원래 양반가에서 기본적인 생활을 꾸려가지 위해서는 1년에 300석의 수확이 있어야 된다는 말이 있다. 조상의 제사를 받드는 비용이 1년에 100석이고, 손님 접대를 위한 비용으로 100석 그리고 집안의 생계를 유지하는 비용이 100석이라고 한다. 4대 봉제사이니 적어도 1년에 8번 이상 제사를 지내야 하는 것이며, 여기에 설과 추석의 차례 그리고 계절별로 찾아가는 성묘에 정성을 다해야 하니 그 비용이 만만치 않은 것이다. 손님을 접대하는 일도 쉬운 것이 아니다. 옛날의 손님은 잠시 왔다가 가는 정도가 아니었다. 어떤 손님은 몇 달씩 머물기도 했으니 먹이고 재우고 필요한 생필품을 공급하고 옷까지도 제공해야 되는 경우가 허다하였다. 그렇게 손님에게 쓰이는 비용이 가족들의 생계비용과 같은 금액이라고 하는 것이니, 제사를 지내는 일이나 손님을 접대하는 일이 얼마나 힘든 일인지를 짐작하고도 남음이 있다.

이런 상황에서, 요즘으로 본다면 어린 나이인 18세에 시집와서 가정을 꾸리는 일이 보통 어려운 일이 아니었을 것이다. 남명이 52세 그리고 부인이 20세 되던 해에 큰아들 차석이 태어났다. 그리고 남명이 57세이고 부인이 25세에 둘째 아들 차마가 태어났고, 남명이 60세이고 부인이 28세 되던 해에 셋째 아들 차정이 태어났다. 그러니 딸 하나는 아마도 둘째로 태어났을 것이다. 이 딸은 나중에 군수 조신도에게 출가한 것으로 기록되어 있지만 자녀가 없다고 하였다. 창강 김택영의 글에 의하면, 김해의 부인은 후실이 낳은 큰아들인 차석을 김해로 데려가 자기 자식처럼 보살피며 길렀다고 한다. 아마도 나중에 본인이 낳은 딸이 시집가서 낳은 두 외손녀를 남명이 혼인시키고 난 뒤, 그 딸이 친정으로 와서 어머니와 함께 살기 전까지 후실이 낳은 아들을 보살피면서 외로움을 달랬을 가능성이 크다.

이 부인은 나이 40에 남명이 세상을 떠나 과부가 된다. 큰아들이 23살, 둘째 아들이 16살, 막내가 13살 되던 해이다. 남명이 세상을 떠나고 난 뒤 이 부인의 생활은 더욱 힘들어졌다. 물려받은 재산은 없는데, 남편의 죽음 뒤에 제자들이 스승을 추모하는 여러 사업을 진행하면서 수시로 모여들었기 때문이다. 남명이 세상을 떠난 지 5년째 되던 해에 덕천서원이 건립되었으니 그 공사는 아마도 2년쯤 걸렸을 것이다. 다시 15년 남짓 후에는 임진왜란이 일어나 큰 어려움에 봉착하게 되었고, 전쟁이 끝난 뒤 5년째 되던 해인 1602년에 다시 덕천서원이 중건되었으니 그 과정의 어려움은 볼을 보듯이 뻔한 것이다.

이 부인의 가장 훌륭한 점은 자녀를 잘 교육했다는 것이다. 애초에 이 부인이 낳은 자식들은 본인이 서녀의 신분이었으므로 자연히 서자가 된다. 조선시대의 서자는 본부인이 낳은 자식을 적자라고 하는 것에 대한 호칭이다. 이 서자들은 조선시대 전체 기간 동안 국가적인 문제였다. 우리가 흔히 알고 있는 이야기인 홍길동의 경우가 그런 것이다. 아버지를 아버지라고 부를수도 없고, 벼슬을 할 수도 없으며, 그렇다고 마땅하게 가질 수 있는 직업도 없었으므로 사회적 천덕꾸러기로 취급받았던 것이다. 부인은 남명의 세 아들을 엄격히 가르쳤다고 전한다.

아버지가 남명이었기에 자식들은 자긍심을 가질 수 있었을 것이지만, 이 부인은 자식들로 하여금 서자의 신분임을 잊지 않도록 했다. 나중에 선조는 남명의 후손에 대해 신하들에게 물어보고 남명에게 적자가 없다는 사실을 알고서, 남명과 같은 현인에게 후손이 끊어지게 하여 제사를 받지도 못하는 일이 있어서는 안 된다고 하여 자식들에게 적자의 신분을 주었다. 그리고 생계가 곤란하다는 이야기를 듣고는 벼슬을 내렸다. 큰아들은 예안 신창 의령 등 세 곳의 현감을 지냈고, 둘째 아들도 여러 벼슬을 지내고 칠원 현감을 끝으로 벼슬에서 물러났으며, 셋째 아들은 무과에 합격하여 월송만호를 지냈다.

큰아들은 현감을 지내면서도 나들이를 할 때 가마를 타지 않았다. 그 이유를 물어보니, "내가 비록 아버지의 음덕으로 벼슬을 하게 되었지만 원래 서자 출신이기 때문에 가마를 탈 수 없다."고 했다고 한다. 그의 이러한 자세는 모두 어머니의 교육에서 비롯되었다고 한다. 차석은 1608년 56세의 나이로 세상을 떠났다.

둘째 아들도 일찍 벼슬에서 물러나 아버지의 유업을 계승하며 추모 사업에 적극적으로 관여했다. 그의 호는 '모정慕亭'인데, 그 의미는 '어버이를 지극히 사모한다.'는 뜻이므로, 부모에 대한 그의 마음을 알 수 있다. 그는 인조반정으로 내암 정인홍이 처형된 후 아무도 그의 시신을 거두는 사람이 없는 중에, 정인홍의 제자로서 정치적으로 스승과 반대 의견을 제시하여 오랫동안 제주도에 귀양 가 있었던 동계 정온과 의논하여 둘이서 정인홍의 시신을 거두어 고향 땅에 장례를 치러 준 인물로도 유명하다. 스승을 위한 정인홍의 은혜에 대해 끝까지 의리를 지킨 것이다. 차마는 83세까지 살았는데, 인조반정 이후 남명의 위상을 지키고자 부단한 노력을 한 인물로 남명학파의 결집과 『산해사우연원록』의 편찬을 위한 그의 노력은 눈물겹다고 할 정도이다. 그는 또 어머니의 묘갈명을 직접 지어 그 덕을 기리고 있기도 하다.

셋째 아들 차정은 그 모습이 남명과 가장 닮았다고 전한다. 큰 재주를 지녔으나 뜻을 다 펴지 못하고 일찍 벼슬에서 물러나 산수 속에서 노닐었다고 한다. 차정은 86세의 장수를 누렸는데, 그 덕에 조정으로부터 2품의 품계인 가선대부에 봉해지고 동지중추부사의 명예직을 받았다.

오늘날 남명의 후손들은 모두 이 세 명으로부터 번성하였다. 전국에 약 3,000여 가구가 흩어져 살고 있으며, 현재 산청의 덕산에 약 200여 가구가 몰려 살고 있다. 그 중에서 큰아들의 후손들은 크게 번성하지 못하고, 둘째 아들의 후손들은 숫자가 많으면서 근세에 들어서 출세하는 인물이 나고 있으며, 셋째 아들의 후손이 역사적으로 가장 인물이 많이 나서 공직이나 학계에서 두각을 나타내고 있다고 한다. 이야기를 좋아하는 사람들은 이러한 현상이 모두 남명 무덤의 풍수 때문이라고 설명하기도 한다.

남명의 후실 부인은 79세의 나이로 큰아들보다 2년 뒤에 세상을 떠났다. 둘째 아들 차마가 지은 「봉숙부인송씨묘갈명」의 첫머리에는 '아! 우리 모친 송씨께서 숙부인에 봉해진 것은 맏아들 차석이 음사로 대부가 되어 이런 특별한 은전이 있었다.'고 하고 있다. 조선시대에 지방 선비의 서녀로 태어나서 여자의 3품 품계인 숙부인에 봉해진 다른 사례를 나는 알지 못한다. 이 부인이 숙부인에 봉해진 것은, 큰아들이 비록 조상의 덕분인 음사로 벼슬에 나가 나중에 실제의 직책을 맡은 것은 아니지만, 3품인 통훈대부에 올랐으므로 '특별한 은전' 때문이라는 것이다. 조선시대에 벼슬을 하여 3품 이상의 대부에 이르게 되면, 그의 조상들이 벼슬을 하지 않았을 경우에 그 품계에 맞추어 조정에서 벼슬을 추증하는 것이 법이었다. 숙부인 은진 송씨는 남명의 부인이어서 품계를 받은 것이 아니라 그녀의 큰아들이 통훈대부가 되었으므로 그 품계를 받은 것이었다.

남명의 후손들은 그들의 족보를 '창녕조씨문정공파족보'라고 하여, 남명으로부터 지금까지의 계보를 정리하고 있다. 여기에는 본부인인 남평조씨 문중과 얽힌 사연이 있지만 여기서 언급할 내용은 아니고, 후실 부인으로부터 나온 세 아들에서 이어진 계보를 따로 정리하고 있다는 사실만을 밝힌다. 오늘날 남명에 대한 선양과 추모 사업의 바탕에 그 후손들의 숨은 역할이 크게 작용하고 있다는 사실은 분명하다. 아무리 훌륭한 역사적 인물일지라도 후손이 없으면 빛을 보기 어려운 것이 현실이다. 이 후실 부인의 역할은 남명이 살아서나 죽은 후에나 실로 대단한 것이었다. 남명의 만년 22년간 어려움 속에서 수발을 들었으며, 그 와중에 자식을 두어 대를 잇게 하였고, 모범적 행실로 사람들의 존경을 받았고, 자식을 잘 교육시켜 훌륭한 인물로 만들었으니, 실로 한 여인이 역사에 남길 수 있는 업적을 이 부인을 통하여 알 수 있다고 하겠다. 이 부인의 묘소는 남명의 묘소 아래에 있다.

우레와 용

50세 이후에 남명은 본격적으로 제자를 가르치기 시작한다. 토동의 시냇가에 뇌룡정을 짓고 제자들을 맞이한 것이다. '연못처럼 잠잠하다가 우레처럼 소리치고, 시동처럼 가만히 있다가 용처럼 드러난다(淵默而雷聲 尸居而龍見)'는 『장자』 「재유在宥」편의 뜻을 취했다. 그 원문의 내용은 '군자가 만약 능히 그 오장을 흩뜨리지 않고 그 총명함을 겉으로 드러내지 않는다면,

시동처럼 가만히 있다가도 용처럼 드러나고 연못처럼 잠잠하다가도 우레처럼 소리친다.'는 구절인데, 남명은 용과 뇌의 순서를 바꾸어 뇌룡정이라 이름 하였다. 여기서 말하는 시동이란, 옛날에 제사를 지낼 때 오늘날의 위패 대신에 어린아이를 앉혀두었는데 움직임 없이 꼼짝하지 못하게 했다고 한 데서 유래한 것이다.

김해로부터 삼가로 돌아온 남명에게 있어 가장 중요한 것은 안으로 침잠하여 자신의 정체성을 완성하는 일이었다. 그래서 살림집의 이름을 '닭이 알을 품는다.'는 뜻으로 '계부당'이라 하였고, 학교로 지은 집을 '뇌룡정'이라 한 것이다. 계부당의 부伏는 엎드린다는 뜻으로는 복으로 읽지만, 알을 품는다는 뜻으로는 부로 읽는 글자이다. 자식의 죽음과 벗들의 죽음 그리고 어머니의 죽음을 겪은 남명은 48세 이후 55세에 이르기까지 고향으로 돌아와 침잠의 시간을 통하여 내면으로 자아의 정체성을 온전히 확보했던 것이다.

내면의 침잠은 때가 되면 밖으로 드러나기 마련이다. 51세에 종부시 주부에 임명되었으나 사양하였고, 53세에는 퇴계가 편지를 보내 벼슬에 나갈 것을 권유하였으나 벼슬에 나갈 시기가 아니라는 답장을 보냈다. 남명은 이 편지에서 퇴계에게 자신은 눈이 어두워 사물을 제대로 보지 못한다고 하면서 발운산을 구해줄 것을 부탁하는 말로 퇴계의 부탁을 거절하였다. 발운산은 눈병을 치료하는 약인데 당시의 시국이 벼슬에 나갈 때가 아니라고 판단하는 자신의 관점을 비유적으로 표현한 것이었다. 그리고 결국 55세에 단성현감에 임명한다는 교지를 받고서 그 벼슬을 사양하는 상소문을 올리게 되었으니, 바로 우리 역사상 전무후무한 강직한 직언으로 유명한 「을묘사직소」였다.

「을묘사직소」를 통하여, 남명은 우레처럼 소리치고 용처럼 자신의 모습을 세상에 드러내었던 것이다.

전하의 나랏일은 이미 그릇되어서 나라의 근본은 이미 망했고, 하늘의 뜻은 가버렸으며, 인심도 이미 떠났습니다. 비유하자면, 큰 나무에 백 년 동안 벌레가 속을 먹어 진액이 이미 말라버렸는데 회오리바람과 사나운 비가 어느 때에 닥쳐올지 까마득하게 알지 못하는 것과 같으니, 이 지경에 이른 지가 이미 오랩니다. 조정에 있는 사람 가운데 충성되고 뜻있는 신하와 일찍 일어나 밤늦도록 공부하는 선비가 없는 것은 아닙니다. 하지만 이미 나라의 형세가 극도에 달하여 지탱 할 수 없고, 사방을 둘러보아도 손 쓸 곳이 없다는 것을 알면서도, 낮은 벼슬아치는 아래서 히히덕거리며 술 마시고 즐기는 일에 정신이 없고, 높은 벼슬아치들은 위에서 거들먹거리며 오직 백성의 재물을 긁어모으는데 정신이 팔려 물고기의 배가 썩어 들어가는 것 같은데도 그것을 바로 잡으려 하지 않았습니다. 뿐만 아니오라 조정의 내신들은 파당을 세워 궁중의 왕권을 농락하고 외신들은 향리에서 백성들을 착취하여 이리떼처럼 날뛰면서도, 가죽이 다 닳아 없어지면 털이 붙어 있을 곳이 없는 이치를 모르고 있습니다. 이런 까닭에 신은 깊은 시름에 탄식만 길게 나올 뿐, 낮이면 하늘을 우러르기 수차례였고, 눈물과 한숨을 누를 길 없어 밤이면 잠 못 이룬 지가 오랩니다. … 자전(慈殿: 왕의 어머니를 일컫는 말)께서 생각이 깊으시기는 하나 깊숙한 궁중의 한 과부에 지나지 않고, 전하께서는 어리시어 다만 선왕의 외로운 아드님이실 뿐이니, 천 가지 백가지의 천재(天災)와 억만 갈래의 인심(人心)을 무엇으로 감당해 내며 무엇으로써 수습하겠습니까? 냇물이 마르고 겨우 조나 심을 정도의 비가 내리니, 그 조짐이 그 무엇이겠습니까? 구슬픈 울음소리와 하얀 상복을 입는 형상이 이미 나타났습니다.

이 상소의 요점은 높은 벼슬아치들은 재물만 늘리고, 낮은 벼슬아치들은 술 마시고 즐기는 일에 정신이 없으며, 조정의 신하들은 파당을 세워 왕권을 농락하고, 고을 수령들은 향리에서 백성을 착취하기에 혈안이 되어 있는 현실을 비판한 것이요, 벼슬자리는 오직 뇌물로 임용하였으니 인재가 그 역할을 할 수 없는 지경이어서 을묘왜변이 일어나 왜구가 노략질 하여도 제대로 대응조차 하지 못하는 실정을 질타하고 있는 것이다.

그러나 이 상소를 본 임금 명종의 반응은 그 초점이 엉뚱한 곳에 있었다.

상소가 들어가자, 정원에 전교하기를,

"지금 조식의 상소를 보니, 비록 간절하고 강직한듯하지만 하나 자전에 대해 공손하지 못한 말이 있으니, 군신(君臣)의 의리를 모르는듯하여 매우 한심스럽다. 정원에서는 이와 같은 소를 보았으면 신하의 마음에 마땅히 통분하며 처벌을 주청했어야 할 것인데 평안한 마음으로 펼쳐보고 한 마디도 그것을 아뢰지 않았으니, 더욱 한심스럽다. 이런 사람을 군신의 명분을 안다고 하여 천거했는가? 임금이 아무리 어질지 못하더라도 신자로서 어찌 차마 욕설을 하는가? …<u>군상君上을 공경하지 않은 죄를 다스리고 싶으나 일사逸士라고 하므로 내버려 두고 묻지 않겠다.</u> 이조吏曹로 하여금 속히 개차改差하도록 하라. 나의 부덕을 헤아리지 못하고 대현을 굽혀 조그마한 고을에다 두려고 하였으니, 【이 말은 진실로 임금이 할 말이 아니다. 옛날의 제왕에게 비교하면 참으로 부끄러운 바가 있다.】 이것은 내가 불민한 탓이다. 정원에서는 이를 자세히 알도록 하라."

하고, 인하여 전교하기를,

"상소의 내용 중에 '자전께서는 생각이 깊으시나 깊숙한 궁중의 한 과부에 지나지 않는다.'고 하였는데, 이것은 공손하지 못한 말이며 '전하의 신하되기가 또한 어렵지 않겠는가.' 하였는데, 이것도 공손하지 못한 말이다.

여기서 【 】속의 말은 역사를 기록하는 사관의 평이다. 여기에 더하여 사관은 다시 다음과 같은 내용을 『명종실록』에 수록하고 있다.

사신은 논한다. 조식의 상소에 답하지 않았을 뿐만 아니라, 도리어 엄중한 말을 내려 정원이 처벌할 것을 주청하지 않음을 책망하였으니, 언로가 막히게 된 것이 이로부터 더욱 심해졌고 성덕에 누(累)가 됨이 이로 말미암아 더욱 커졌다. …그런데 전교가 이와 같으니 이는 바로 온 나라 사람들의 입을 막아서 감히 말을 못하도록 한 것이다. 애석하다.

사신은 논한다. 조식은 오늘날 유일 중에서 가장 어진 사람이다. 재능이 뛰어나고 행실이 깨끗하며, 또 학식도 있다. 초야에서 가난하게 살았으나 영리를 생각하지 않았고, 여러 차례 불렀지만 나오지 않고 그 뜻을 고상하게 하였다. 비록 수령으로 임명되는 영광에 부임하지는 않았으나, 오히려 나라를 근심하는 마음을 가지고 곧은 말로 상소하여 당시의 폐단을 바로 지적하였으니, 이 어찌 군신의 의리를 모르는 사람이겠는가. '자전은 깊숙한 궁중의 한 과부이다.'라고 한 말은, 조식이 새로 지어낸 것이 아니고 선현의 말을 인용하여 글을 지은 것이니, 이것이 어찌 공손하지 못한 말이겠는가. 포상하여 장려하지는 않고 견책하기를 매우 엄중히 하였는데, 이것은 보필하고 인도하는 사람 중에 적합한 자가 없어 학문이 넓지 못해서 그렇게 된 것이다. 정승의 직임에 있는 자도 잘못을 바로잡아 그것을 해결하지 못하여 조식과 같이 현명한 사람이 등용되지 못하고 초야에 버려졌다. 진언하는 길이 막히고 현인을 불러들이는 일이 폐기되었으며 다스리는 도가 없어졌으니, 세도가 야박해진 것이 어찌 괴이하겠는가.

조정에서 이러한 논의가 일차로 있었고, 다음날 또 이 문제에 대한 논의가 있었다.

정언 이헌국은 아뢰기를,
"위에서 직언하는 길을 열고 유일의 선비를 장려하셨는데, 이와 같은 일은 조종조에서도 드물었습니다. 지난번에, …상께서, 자전은 생각이 깊으나 깊숙한 궁중의 한 과부에 지나지 않는다는 말이 공손치 못한 말이라고 여기시는데, 옛날 구양수가 황태후를 한 사람의 부인이라고 하였지만 태후는 그를 처벌하지 않았습니다. 그리고 조식은 시사가 날로 글러지는 것을 보고 주상이 위에서 고립되어 백성의 실정을 들을 수 없을까 두려워하였던 것입니다. …조식은 초야의 일개 선비로서 비록 목숨을 잃게 되더라도 후회하지 않을 각오로 이와 같은 말을 하였는데, 전교에 그 공손치 못한 죄를 심하게 책망하셨습니다. …

사신은 논한다. 이헌국의 말은 간절하고 강직하다. 정원의 과실을 깊이 책망하였으니 마땅하다고 이를 만하다.

하니, 상이 이르기를,

"내가 계교와 사려가 얕고 학식이 본래 없기 때문에 사리를 모른다. 그러나 군신 상하의 분수는 신자가 당연히 알아야 할 것이다. 아무리 유일의 선비라 하더라도 그 의리를 알지 못할 것 같으면 어찌 현명한 사람이라고 할 수 있겠는가. 그 말이 공손하지 못한 데에 관계된다면 신자가 마땅히 처벌을 주청해야 할 것이다. 그렇게 하지 않으면 조정에서도 군상을 공경하지 않는 조짐이 싹틀 것이다. 만약 그 상소의 내용을 옳다고 한다면 이것도 올바르지 못한 의논이다. 그러나 조식을 일사로 여기기 때문에 너그러이 용납하고 죄를 다스리지는 않는다."【이 때에 상이 대단히 노여워했기 때문에 안색이 온화하지 않았고 음성도 고르지 않았다.】

위의 내용은 실록에 있는 기록의 일부만을 인용한 것이지만, 당시 이 상소문에 대한 조정의 논의와 임금의 입장을 분명히 알 수 있다. 명종의 입장은 오직 자신의 어머니인 문정왕후에 대해 남명이 '자전(대비)께서는 생각은 깊지만 깊은 궁궐 속의 한 과부에 지나지 않는다(慈殿 塞淵 不過深宮之一寡婦)라는 한 구절에 매몰되어 있었던 것이다.

결국 명종은 남명의 상소에 대한 어떤 답도 내리지 않았고, 다만 조정 대신들의 만류로 인하여 처벌을 면제해주겠다는 입장만 밝혔다. 그러나 위의 글에서 알 수 있듯이, 남명의 상소는 그야말로 죽음을 무릅쓰고 올린 것인데, 명종은 오직 처벌할 것만 고집하다가 끝내 없던 일로 하겠다는 입장이었지만 끝에 있는 사관의 평에서 알 수 있듯이, 대단히 화가 나 있었으므로 얼굴색이 온화하지 않았고 음성도 고르지 않았다고 역사는 기록하고 있는 것이다.

명종이 그렇게 화가 난 것은 어머니인 문정왕후를 모독하는 구절 때문이었다. 남명도 자신의 상소문이 명종을 자극하기 위해서는 다소 과격한 표현을 사용하지 않을 수 없다는 점을 알고서 그와 같은 구절을 넣었다고 할 수 있다. 당시 문정왕후는 명종이 즉위하고 난 후 8년간이나 수렴청정하면서 국정을 어지럽히고 을사사화를 시작으로 수많은 인재를 죽음으로 몰아넣었으며, 보우를 신임하여 불교를 장려하는 정책으로 선비들의 원망이 컸다.

남명은 문정왕후가 수렴청정에서 손을 뗀 2년째에 이와 같은 상소문을 올려 명종으로 하여금 이제 어머니의 치마폭에서 벗어나 제대로 된 정치를 하도록 직언을 한 것이다. 일화에 의하면, 당시 남명은 상소를 올리고 난 후 약 한달 간 매일 아침마다 뇌룡정 대문 밖에서 죽음을 각오하고 조정의 처분을 기다리며 석고대죄 했다고 한다. 스스로도 그와 같은 구절을 상소문에 넣은 것은 죽을죄에 해당한다는 사실을 알고 있었던 것이다.

이 사건으로 남명은 하루아침에 전국적인 명성을 더하게 되었다. 45세 이후 10년간 내면적 침잠의 세월을 지나고 자신이 이름 지은 뇌룡정에서 그야말로 우레처럼 소리치고 용처럼 스스로를 드러내었던 것이다. 남명은 용을 무척 좋아했다. 61세를 맞이하여 지리산 자락 덕산으로 이사하였을 때에는 살림집의 이름을 뇌룡사라고 하였다. 그리고 집의 벽에는 천둥번개와 함께 승천하는 용의 모습을 화공을 시켜 그려두었다고 한다. 자신의 거처를 용이 사는 집으로 이미지화 한 것이다. 뇌룡정 시절, 남명은 자신의 사상을 「신명사도」라는 그림으로 그렸는데 이 그림에는 성곽에 세 개의 문이 있고 그 문에는 각각 깃발을 걸어두고 있다. 그런데 그 깃발에는 '대장기大壯旂'라고 써 두었다. '대장'이란 『주역』에서 말하는 괘의 이름으로 '하늘 위에서 우레가 치고 있는 형상'이며, '기'란 '하늘로 솟아오르고 땅으로 내려오는 용의 형상을 그린 그림'을 의미한다. 이 대장기는 바로 뇌룡정의 또 다른 표현인 것이다. 이제 남명은 스스로 우레가 되고, 용이 되었다.

지리산 여행

남명은 50대에 집중적으로 지리산을 유람한 것으로 보인다. 용을 좋아한 만큼 지리산을 사랑한 남명이었다. 지리산은 남명에게 아주 특별한 의미였다. 기록으로 보면, 남명은 57세에 보은으로 가서 평생의 절친한 벗인 대곡 성운을 만났다. 그리고 그 자리에서 동주 성제원과 다음해 추석에 가야산 해인사에서 만나기로 약속하였다. 그 다음해인 58세 초여름에 남명은 열두 번째로 지리산 유람을 떠난다. 남명은 15일간에 걸친 이때의 여행을 마치고 벗들의 권유로 여행기록인 「유두류록」을 집필하였다. 여기서 남명은 자신이 지리산을 여행했던 경력에 대해서 다음과 같이 말하고 있다.

> 내 일찍이 이 두류산을 덕산동으로 들어간 것이 세 번이었고, 청학동과 신응동으로 들어간 것이 세 번이었으며, 용유동으로 들어간 것이 세 번이었으며, 백운동으로 들어간 것이 한 번이었으며, 장항동으로 들어간 것이 한 번이었다. 그러니 어찌 산수만을 탐하여 왕래하기를 번거로워하지 않은 것이겠는가? 나름으로 평생 계획을 가지고 있었으니, 오직 화산의 한 모퉁이를 빌어 그곳을 일생을 마칠 장소로 삼으려고 했기 때문이다.

남명은 일찍부터 지리산에서 만년을 보낼 계획을 가지고 그 장소를 정하기 위해 열 번도 넘게 지리산 자락을 답사하였던 것이다. 남명은 왜 지리산에서 만년을 보내고자 했을까? 이 물음에 대한 답도 역시 「유두류록」의 끝부분에 시로 남겨 놓았다.

全身百計都爲謬　몸을 보전하고자 하는 온갖 계책 모두 어그러졌으니,
方丈於今已背盟　이제는 방장산과의 맹세도 이미 어기게 되었네,

벼슬에의 뜻을 완전히 버렸지만 계속되는 벗들의 천거와 임금의 벼슬임
명이 이어지는 상황에서 몸을 온전히 보존하고자 하는 마음으로 지리산에
숨어 살고자 했던 것이다. 45세 이후 남명이 세상을 보는 눈은 완전히 달려
져 있었고, 내면적 수양의 완성을 통하여 초탈의 경지에 오른 그는 노년의
삶을 세상과 절교하고자 했던 것이었다. 그 장소로 남명이 선택한 곳이 바
로 지리산이었다. 예로부터 지리산은 수양을 완성하는 장소였고, 한 번 들
어가면 세상과 단절하고 자신을 온전히 하는 산이었다.

　58세에 떠난 지리산 여행은 쌍계사 방면이었다. 함께 동행한 인물은 진
주목사 김홍, 남명의 자형 이공량, 고령현감 이희안, 청주목사 이정 등이었
다. 아마도 진주목사 김홍은 남명이 충북 보은에 거주하는 절친한 벗 대곡
성운으로 인하여 알게 된 인물인 듯하다. 나머지는 남명과 오랜 친분 관계
에 있는 사람들이다. 전체 인원의 규모는 많을 때가 약 80명 이상이었던 것
으로 보인다. 진주에 이르러서는 목사 김홍이 소를 잡아 잔치를 베풀고, 지
나가는 곳곳의 수령들이 음식을 내어 대접하였으며, 기생과 악사 등이 흥을
돋우었다. 당시 호남순변사로 있던 남치근도 음식을 보내왔는데, 그의 종사
관이 이공량의 아들이자 남명의 생질인 이준민이었기 때문이다. 남치근은
훗날 임꺽정의 난을 진압하는 공을 세운 인물이다.

　남명은 여행에서 참으로 풍부한 유머감각을 보였으며, 한유한 정여창
조지서 등과 관련 있는 곳을 지나면서는 역사적 회포를 풀어내고 있다. 바
위에 새긴 사람 이름을 보고서는 '대장부의 이름은 사관이 역사책에 기록해
야 하는 것이며 또한 사람들의 입에 새겨져야 하는 것인데 돌에 새겨 썩지
않기를 바라는 한심한 일'이라고 경계하고 있다. 그리고 일행 중에는 건강

때문에 청학동 구경을 포기하는 사람도 있었는데, 남명은 아무리 좋은 경치라도 연분이 없으면 신명이 받아들이지 않는 것이라고 말하고 있다. 또 험한 산을 오르는 일은 착한 일을 좇는 것과 같아서 올라가기는 어렵고 내려가기는 쉽다고 하였다. 그리고 주위의 사람들에게 경계하기를 "명산에 들어온 자가 누군들 그 마음을 씻지 않겠으며, 누군들 자신을 소인이라 말하기를 달가워하겠는가마는, 마침내 군자는 군자이고 소인은 소인이니, 한 번 햇볕을 쬐는 정도로는 아무런 유익함이 없다는 것을 알 수 있다"고 하여 끊임없는 자기수양을 강조하고 있기도 하다.

절의 중이 세금과 부역의 과중함을 호소하자 남명이 고을 목사에게 그들의 어려움을 편지로 써 주기도 했다. 그러면서 불쌍하고 고통 받는 백성들의 등 뒤에서 한가롭게 노닐고 있는 자신들을 통렬하게 반성하고 있기도 하다. 이 여행기에는 참으로 많은 정보가 들어 있다. 남명의 진솔한 생각도 많이 읽을 수 있다. 남명은 지리산 여행을 '산을 보고 물을 보며 인간을 보고 세상을 본다(看山看水 看人看世)'라는 말로 압축하고 있다. 지리산은 남명에게 영혼의 안식처였다. 그리하여 결국 남명은 3년 뒤 환갑을 맞은 나이에 지리산 자락 덕산으로 만년의 거처를 잡아 들어가게 된다.

6장

60대 :
산천재, 만년의 제자들,
명종과의 만남, 무진봉사

산천재

남명은 50대부터 지속적으로 벼슬을 제수 받았지만 한 번도 부임하지 않았다. 대규모의 지리산 여행을 마친 남명은 그 해 추석에 가야산 해인사에서 동주 성제원과 만나기로 한 약속을 지켰다. 비가 많이 와서 약속을 지키기 어려울 것이라고 걱정하였는데 그 비를 뚫고 둘은 약속을 지킨 것이었다. 그 다음해에는 성주에 살고 있는 친구 칠봉 김희삼을 찾아가 며칠을 머물면서 학문을 강론하였다. 김희삼은 아들을 4명 두었는데 그 막내가 동강 김우옹이었다. 동강 김우옹은 24살 되던 해에 남명의 제자가 되고 남명의 외손녀를 아내로 맞아들인다. 아마도 이 당시 남명과 김희삼 사이에 그러한 약속이 있었을 것으로 추정된다. 두 명의 외손녀 중 하나는 4년 뒤에 망우당 곽재우에게 시집을 보냈으니 당시 곽재우는 16세였다.

60세에 막내아들 차정이 태어났다. 그리고 다음해 드디어 남명은 환갑을 맞이하였다. 이 해에 그토록 꿈꾸던 지리산을 찾아 덕산으로 들어간다. 남명은 지리산을 사랑하기도 했지만, 그가 고향을 떠난 데에는 또 다른 이유가 있었다. 남명은 형님이 한 명 있었지만 딸만 하나 낳고 일찍 세상을 떠났다. 그 후로 남명은 집안의 종손으로서 역할을 해야만 했던 것이다. 그러나 적자인 차산이 9세로 요절하였고, 부실에게서 3남1녀를 얻었지만 서자이므로 종손으로서 집안을 계승할 수는 없었다. 따라서 아들이 있던 아우 환에게 집안 종손의 권리를 모두 넘기게 되었던 것이다. 45세 이후 세상에 대한 미련을 버린 남명이 이제는 그야말로 모든 것으로부터 자유로운 몸이 되었다.

덕산으로 들어온 남명은 살림집 뇌룡사를 짓고, 가까운 곳 덕천강변에 학교로 산천재를 지었다. 당시 덕산은 진주목이 직할하는 살천부곡이었다. 덕천강은 시천 즉 화살강이라고 불릴 만큼 물살이 급하게 흐르는 강이었다. 살천이라는 말도 한자로는 보살 살薩을 쓰지만 우리말로는 화살이라는 의미였을 것으로 짐작된다. 그래서 나중에는 이 강을 '화살내'라는 뜻으로 시천矢川이라고 표기한 것이다. 이곳은 그야말로 양반이 거주하지 않는 땅이었다. 물론 남명의 제자 도구 이제신이 여기에 별장을 지어놓고 있기는 하였다. 그는 종종 스승을 모시고 별장에서 노닐었는데 그곳에는 복숭아나무가 무척 많았다. 그래서 봄이면 덕천강에 복숭아꽃잎이 많이 날렸던 것이다. 그 광경을 이제신은 시조로 읊었다.

두류산 양단수를 예 듣고 이제 보니,
도화 뜬 맑은 물에 산영조차 잠겼어라.
아희야 무릉이 어디뇨 나는 옌가 하노라!

흔히 이 시조를 남명이 지은 것으로 오해하는 경우가 있는데, 이것은 분명히 제자 이제신이 지은 것이다. 남명의 제자 부사 성여신이 남명의 아들 조차마에게 보낸 편지에서 그 사실을 언급하고 있기 때문이다. 평소 남명은 시 짓기를 좋아하지 않았다. 더구나 단순히 음풍농월하는 시는 남명의 작품에서 찾아볼 수 없다. 남명은 덕산으로 와서 산천재를 지은 뜻을 「덕산에 살 곳을 정하고서(德山卜居)」라는 시로 남겼다.

> 春山底處無芳草　봄 산 어느 곳엔들 향기로운 풀 없으랴만,
> 只愛天王近帝居　다만 천왕봉이 상제와 가까이 있음 사랑하여 자리 잡았네.
> 白手歸來何物食　빈손으로 왔으니 무얼 먹고 살거나,
> 銀河十里喫猶餘　은하수 같이 맑은 물 십리이니 마시고도 남으리!

현재 산천재의 건물구조는 본채가 정면 세 칸 측면 두 칸이다. 정면은 좌우에 방이 있고 가운데는 방처럼 문짝이 붙어 있으나 문을 열면 작은 강당구조이며, 측면은 마루와 방으로 나누어진다. 그리고 동재는 두 칸으로 되어 있지만 서재는 없다. 지금의 건물이 처음과 같은 구조인지는 모르겠지만, 무엇보다 산천재에는 처음부터 서재가 없었다. 지금과 같은 구조라야만 산천재의 어느 위치에서든지 지리산 천왕봉을 볼 수 있기 때문이다. 대신에 서재가 있어야 할 위치로부터 좀 더 뒤쪽에 작은 정자인 '상정橡亭' 또는 '초정草亭'이 있었다.

산천재 서쪽에 있었던 '상정'의 존재에 대해 『덕천서원지』에 "만력 25년(1592) 임진, 선조 25년 화재를 당했다."고 기록하고 있다. 그리고 왜란이 평정된 후 서원 유사 류종일이 선생의 상정 유제를 본받아 풍영하던 곳의 퇴락한 터 서쪽 몇 걸음 자리에 한 칸의 초정을 지어 세심이란 옛 이름으로 편액하였다."고 하여, 남명이 생전에 산천재 옆에 상정을 지었던 사실과 그 모습을 본받아 세심정을 지은 일을 말하고 있다.

남명이 현재의 위치와 같은 곳에 강학의 장소를 잡은 이유는 바로 이곳에 지은 건물의 이름에서 찾을 수 있다. 자신의 학문 완성과 찾아오는 제자와의 강학을 위해 지은 건물의 이름은 '산천재山天齋'였다. 이는 『주역』「대축괘」에서 취한 이름이다. 그 경문은 '대축大畜은 곧으면 이로우니라. 집에서 먹지 않으면 길하니 큰물을 건넘이 이로우니라.'이며, 단彖에 이르기를 '대축은 강건하고 독실하며 휘광하야 날로 그 덕이 새로우니, 강한 것이 위에 있어 어진이를 숭상하고 강건함을 그치게 할 수 있음이 크게 바른 것이다. 집에서 먹지 않음이 길함은 어진이를 기르는 것이요, 큰 내를 건넘이 이로움은 하늘에 응함이라'고 하였으며, 상象에 이르기를 '하늘이 산 속에 있음이 대축이니 군자가 옛말과 지나간 행동을 많이 알아서 그 덕을 쌓음이라'고 되어 있다.

　산천재는 이와 같이 남명이 만년에 제자를 기르기 위해서 지은 건물이었다. 남명은 평생 벼슬에 나가지 않아 그 스스로가 백성을 위해 은택을 베푼 일이 없었다. 그가 바라보는 세상은 강직한 성격의 선비가 벼슬에 나아가 뜻을 펼칠 수 있는 시대가 아니었던 것이다. 그는 자신의 시대를 잇는 제자들의 세상은 다를 것으로 기대하고서 교육을 통해 그가 꿈꾸었던 세계를 제자들을 통해 만들고자 했다. 산천재의 건축은 1561년 봄 완공되었다. 「덕산복거」의 첫 구절에서 추론할 수 있기 때문이다. 그리고 산천재는 1572년 2월 8일 남명이 세상을 떠날 때까지 11년 남짓 남명학을 완성하고 제자들에게 전수하는 강학의 장소로서 기능을 수행했다. 산천재는 "재실에는 나무로 된 창이 있었는데 왼쪽에는 경敬자를 쓰고 오른쪽에는 의義 자를 썼으니, 경 자 곁에 고인이 경을 논한 중요한 말을 작은 글씨로 써서 항상 눈으로 보며 마음으로 생각하였다."고 한 것처럼, 경과 의를 오늘날의 교훈으로 삼았음을 알 수 있다.

만년의 제자들

1561년 당시 조선에는 교육 분야에서 아주 특별한 일이 있었다. 이른바 영남학파의 두 위대한 스승이 새로운 학교를 세우고 학생들을 가르치기 시작했다. 오늘날 강좌학파 또는 퇴계학파라고 부르는 지역의 중심인 안동의 청량산 줄기에 도산서당이 건립되었고, 강우학파 또는 남명학파라고 부르는 지역의 중심인 당시의 진주였지만 지금은 산청 덕산의 지리산 자락에 산천재가 건립되었다. 이 두 학교는 당대의 최고 명문사립대학이었으며, 제자들은 도산서당이나 산천재에서 퇴계나 남명만을 스승으로 공부한 경우도 있었지만, 어떤 학생들은 두 곳을 다 찾아가 남명과 퇴계 두 스승을 모신 경우도 많다. 이 두 학교에서 배운 제자들은 한 세대 뒤에 국가의 주역으로서 임진왜란을 극복하고, 광해군의 개혁정치를 주도하는 중심세력으로서의 역할을 다하여 학교와 스승의 이름을 빛냈던 것이다.

남명은 38세부터 제자를 가르치기 시작했지만, 본격적인 제자 양성은 뇌룡정을 지은 이후라고 할 수 있다. 경의학으로 지칭되는 남명학이 온전한 모습으로 정립되고 남명의 내면적 성찰이 궤도에 올라서고 난 이후로 보아야 하기 때문이다. 49세에 제자들과 감악산을 유람하면서 지은 시 「냇물에 목욕하면서」가 그러한 상황을 알게 한다. 51세에 남명의 고제 5명 중 하나인 덕계 오건이 제자가 되었고, 55세에는 당시 20세였던 내암 정인홍이 제자의 예를 갖추었다. 아마도 정인홍은 남명이 당시 「을묘사직소」를 올린 사실을 알고서 그 강직함을 존경하여 제자가 된 것으로 보인다. 정인홍은 평생토록 오직 남명만을 세상에서 가장 존경하는 유일한 스승으로 생각하였다.

산천재를 지은 해인 61세에 약포 정탁이 진주교수로 부임하여 남명을 찾아와 스승으로 섬겼다. 나중에 이순신을 죽음에서 구한 장본인인 정탁은 20세가 되기 전에 퇴계의 제자가 되었지만, 이때에 다시 남명의 제자가 되었다. 정탁의 「연보」에는 '진주에 있을 때에 남명 조 선생을 따라서 놀았는데 깊이 인정함을 입었고, 벽립천인의 기상을 볼 수 있었다. 그런 까닭에 선생의 [벼슬길이] 처음부터 끝까지 절개를 온전할 수 있었던 것은 대개 이에서 얻음이 있다고 말한다.'라고 기록하고 있다. 63세에는 절친한 벗인 김희삼의 아들인 동강 김우옹이 남명의 외손녀사위가 되면서 제자의 예를 갖추었다. 남명은 김우옹을 지극히 사랑한 것으로 나타난다. 그에게 평소 늘 차고 다니던 '성성자'를 주면서 그 뜻을 잊지 말라고 당부하고 있기도 하다. 또 그에게 김해의 산해정으로 가서 그곳에 있는 책을 보면서 한두 달 동안 깊게 공부할 것을 권하기도 하였기 때문이다. 물론 산해정에는 남명의 본부인과 김우옹의 장모가 되는 남명의 딸이 살고 있었기 때문이기도 하리라. 이 해에 남명은 많은 제자들을 데리고 제자인 개암 강익 등이 주도하여 건립한 남계서원을 방문하고 거창의 벗인 갈천 임훈을 찾아가면서 제자들과 학문을 강론하는 여행을 하였다.

65세에는 서울에서 수우당 최영경이 남명을 흠모하여 덕산까지 찾아와 제자의 예를 갖추었다. 최영경은 남명이 세상을 떠난 후에 스승을 그리워하여 서울에서 진주로 이사를 하고, 덕천서원의 건립에서 처음부터 끝까지 공사를 감독하였으며, 완공 후에는 운영방침까지도 모두 정하였다. 그는 덕천서원 건립의 1등공신이라고 할 수 있다. 나중에 기축옥사에서 억울한 죽음을 당했지만, 임진왜란 후에 덕천서원을 다시 짓고 향사를 지내게 되자 많은 사람들이 최영경을 남명과 함께 사당에 배향할 것을 결의하여 지금까지 덕천서원 사당의 동쪽 편에 수우당을 배향하고 있다. 수우당이 남명을 찾아온 그날은, 진주의 젊은 선비로 나중에『진양지』편찬의 주역을 맡았던 부사 성여신이 인근의 단속사에서 서산대사가 지은『삼가귀감』책의 목판과 절의 사천왕상을 모두 불태우고, 이 사실을 지역의 큰 스승이신 남명에게 알리기 위하여 찾아와 제자의 예를 갖추고 말씀을 드리고 있었던 순간이기도 했다. 또한 이 해에 훗날 조선시대 당쟁의 시초인 동서분당의 당사자 중

하나인 성암 김효원이 찾아와 제자가 되었다.

66세에는 한강 정구가 찾아와 제자가 되었다. 24세의 나이로 남명의 제자가 되었으니, 그가 지은 스승의 제문에서 '속수를 가지고 뵌 것이 지난 병인년 봄부터였네,'라고 하여, 정식으로 제자의 예를 갖추어 입문하였음을 알 수 있다. 속수束脩란 스승에게 드리는 선물 또는 수업료이기 때문이다. 67세에는 망우당 곽재우가 남명의 작은 외손녀와 결혼하고 제자가 되었다. 기록상으로는 곽재우가 가장 마지막 제자로 입문하였다. 물론 그 후에도 다른 제자들이 들어왔겠지만 남명의 「편년」에 기록된 것으로만 보면 그렇다는 말이다.

오건과 정인홍은 남명이 뇌룡정에 있을 때 제자가 되었지만 산천재로 옮긴 후에도 지속적으로 찾아와서 가르침을 받은 것으로 나타난다. 오건의 경우에는 벼슬에 나가 있으면서 여가가 있을 때마다 스승을 찾았고, 남명도 오건을 극진하게 대했다. 오늘날 산청군 삼장면에는 명상이라는 마을이 있는데, 이 마을의 원래 이름은 면상촌이었다. 산천재로 찾아온 오건이 산청에 있는 집으로 돌아갈 때 남명이 30리 이상이나 배웅을 하였다. 바로 이 마을에서 술을 마시고 헤어지면서 술에 취한 오건이 스승을 돌아보다가 말에서 떨어져 얼굴에 상처를 입었다고 하여 마을 이름을 '얼굴을 다쳤다'는 뜻으로 면상촌面傷村이라고 했다는 이야기가 전하고 있다. 정인홍도 산천재에 자주 찾아와 가르침을 받았으며 '남명과 상사뱀' 설화에 등장한다. 남명을 사랑한 여인이 죽어서 뱀이 되어 산천재로 와서 남명은 그 뱀을 벽장 속에 두고 가끔씩 벽장을 열어보았다. 무엇인지 이상하게 여긴 정인홍이 스승이 없는 틈에 벽장을 열어보니 뱀이 있으므로 그 뱀을 죽여 버렸고, 그래서 나중에 그 뱀이 복수하여 정인홍의 말년이 불행하게 되었다는 이야기다. 또한 정인홍은 남명이 임종하기 전에 스승이 평생 독서하면서 중요한 내용들을 메모해둔 노트를 받아서 『근사록』의 체제에 맞추어 편집할 것을 허락받았는데, 그것을 1617년에 『학기유편』이라는 이름으로 출판하였다.

이상에서 언급한 제자들은 남명의 제자 중에서 이름이 크게 알려진 대표적 제자들이지만, 사실 남명이 산천재에서 제자를 가르치기 시작한 이후 진주를 중심으로 하는 서부경남 거의 대부분 양반가의 자제들은 남명 문하로 통합되었다고 볼 수 있다. 그리하여 명실상부한 남명학파가 거대한 모습으로 드러나게 된 것이다. 물론 서울에서부터 충청도 전라도 등 전국을 망라하는 제자를 두었지만 그 중추적 기반은 이른바 서울에서 보았을 때 낙동강의 오른쪽에 해당하는 강우지역이었다. 오늘날 특히 전라도 지역의 제자들 이름은 남아 있지 않지만, 실제로는 그 지역에서도 상당한 숫자의 제자들이 있었음을 여러 기록들에서 확인할 수 있다. 남명이 전라도를 여행했을 때 모여든 선비들이 많았는데 그들 중 대부분은 제자라고 할 수 있기 때문이다.

명종과의 만남

1566년 가을, 남명의 일생에서 또 한 번의 큰 일이 있었다. 명종이 8월에 상서원 판관을 제수하고 한 번 만나기를 간곡히 청하였다. 그리고 이미 1년 전에 기세등등하던 문정왕후가 이미 세상을 떠나, 10년 전 남명이 「을묘사직소」에서 '깊은 궁궐 속에 있는 한 과부'라고 표현한 대상이 사라졌으므로 상황이 달라져 있었다.

남명이 서울로 갔던 일은 여러 기록들에서 그 정황을 알 수 있다. 한강을 건너자마자 약포 정탁 등의 제자들이 몰려나와 스승을 영접하였고, 서울에 머무는 동안에는 한양의 선비들이나 벼슬아치들뿐만 아니라 전국의 선비들이 한양으로 몰려들어 남명을 만나보고자 하였다. 많은 사람이 남명이 이제 비로소 벼슬에 나올 것으로 기대하기도 했다.

10월 3일, 드디어 남명은 대궐의 사정전에서 명종과 만났다. 남명은 포의로 임금을 만났다. 벼슬을 제수 받은 사람은 임금을 만날 때 그 벼슬에 해당하는 관복을 입고 만나야 하는 것이 법도인데, 남명은 벼슬을 받지 않겠다는 뜻을 굽히지 않고 선비의 복장인 도포차림으로 임금을 만난 것이었다. 구한말 훌륭한 선비였던 면우 곽종석은 남명이 당시 포의로 임금을 만난 사실을 매우 중요한 일로 인식하였다. 그가 고종의 부름을 받아 임금을 만날 때 남명의 선례를 이유로 포의로 만나겠다고 고집했다고 한다. 고종이 부득이 그 뜻을 받아들여 포의의 곽종석과 만나 대화를 나누고 점심시간이 되자 식사 후에 다시 보자고 하면서 그에게 밥상을 별도로 하사했다고 한다. 식사를 마친 곽종석이 다시 고종을 만나려고 할 때, 고종은 "오전에는 내가 양보했으니 오후에는 그대가 양보하라"면서 벼슬을 받고 관복을 입고서 만나자고 고집하여 결국 곽종석은 관복을 입고 만났다는 이야기가 전한다.

명종과의 만남에서 남명은 임금의 질문에 대해서 크게 세 가지의 대답을 한 것으로 나타난다. 명종은 치세와 난세의 차이와 학문의 방법에 대해서 물었다. 남명의 대답은 단순하면서도 명료했다.

> 옛 사람들이 치세와 난세에 대해서는 이미 말하여 책에 그 내용이 모두 있습니다. 신이 생각하기로는 임금과 신하 사이에는 정과 의리가 서로 부합하여 전혀 빈틈이 없어야 하니 이것이 다스림의 법도입니다. 옛날의 제왕들은 신하를 대접하기를 벗과 같이하여 함께 다스림의 법도를 강론했으나, 지금은 이렇게는 못하더라도 반드시 정과 의리는 서로 부합하여야 가능할 것입니다.

> 백성들이 흩어지는 것이 물이 사방으로 범람하는 것과 같은 실정이니 마땅히 불난 집을 구하는 것과 같이 급하게 해야 합니다. 임금의 학문과 다스림은 반드시 스스로 체득해야 하는 것이니 한갓되이 남의 말만 듣는 것은 전혀 이득이 되지 않습니다.

이어서 명종은 남명이 여러 차례 불렀지만 벼슬에 나오지 않는 것을 빗대어 유비가 제갈량을 세 번이나 찾아간 '삼고초려'의 일에 대해서 물었다. 이네 대한 남명의 대답은 역사적으로 일반적 생각을 뛰어넘는 특별한 것이었다.

반드시 영웅을 얻은 뒤에야 큰일을 할 수 있기 때문에 세 번이나 제갈량을 찾아간 것입니다. 제갈량이 한 번 찾았을 때 나가지 않은 것은 더러 사람들이 시대의 추세가 그랬다고 하지만 유비와 함께 일을 한지 수십 년 동안 끝내 한나라를 다시 일으키지 못했으니, 저는 그 이유를 알 수 없습니다.

흔히 사람들은 『삼국지연의』를 읽고서 제갈량을 위대한 인물로 생각하지만 실제 역사책에서는 대단한 역할을 한 인물로 보지 않고 있다. 남명은 바로 이러한 사실을 지적한 것이다. 남명은 제갈량의 명성이 실제 능력과는 차이가 있는 인물로 보았다. 유비가 세 번이나 찾아간 것은 훌륭한 인재를 얻기 위한 정성이 담긴 행동이었다. 17년간 유비의 적극적인 신임을 얻어 일했고, 유비의 죽음 이후 유선을 도와 10년간 노력했지만 끝내 한나라를 부흥시키겠다는 목적을 이루지 못하고 오장원에서 허무하게 죽은 제갈량이었다. 아니 오히려 그렇게 국력을 소진하고서도 위나라 땅 한 평도 점령하지 못한 제갈량이었다. 남명은 신하를 적극적으로 신임하지 않는 임금 명종을 간접적으로 빗대어 말하고 있으며, 또한 명분뿐인 벼슬을 내려 자신을 부른 임금을 질책하고 있는 것이다. 또한 능력이 없거나 시대적 상황이 제대로 역량을 발휘하여 일을 할 수 없는 때에는 차라리 지조를 지켜 스스로의 이름에 오점을 남기지 않아야 한다는 신념을 표현한 말이기도 하다. 참으로 바로 이러한 점이 남명을 남명답게 만든 부분이라고 하겠다.

남명이 명종을 만나기 위해 서울을 방문했을 때, 당시의 영의정은 바로 절친한 벗인 이준경이었다. 일화에 의하면, 남명은 어린 시절의 벗인 이준경이 벼슬과 상관없이 자신을 찾아올 것이라고 생각하고 있었고, 반면에 이준경은 남명을 만나고 싶지만 현직 영의정 신분으로 자신이 먼저 찾아가는 것은 도리가 아니라고 여겼다. 그래서 남명이 서울에 머무는 10일 동안 둘은 결국 만나지 못했던 것이다. 남명이 다시 덕산으로 돌아오게 되자 이준경은 주위의 사람들에게 그와 같은 자신의 심정을 이야기 하면서 자기를 찾아오지 않고 떠난 남명에게 불만스러운 감정을 표현하였다고 한다.

그 전에 이준경이 조정에서 승승장구하고 있을 때, 명종이 계속해서 남명에게 벼슬을 내리는 와중에 아마 이준경도 남명이 벼슬에 나오기를 바라는 심정을 재종형제이면서 남명과 절친한 관계였던 밀양에 살고 있는 신계성에게 표현을 했던 듯하다. 신계성은 이 말을 듣고 남명에게 이준경의 뜻을 전한 듯한데, 남명은 신계성에게 편지를 보내서 말하기를 "아무리 친한 벗이라도 벼슬이 높아지면 만나기는커녕 편지조차 하고 싶지 않은 법이며, 벼슬이 높아질수록 다른 사람들이 칡이나 등나무 넝쿨처럼 감고 기어 올라오는 것을 미리 막아야 할 것"이라고 전해달라고 하였다. 다음해에 남명은 또 한 번 상소를 올려 정치에 대한 자신의 견해를 밝히면서, 조정에서 재상의 지위에 있는 사람도 제대로 역할을 하지 못하고 있다고 하면서 벗인 이준경을 강하게 비판하고 있다.

무진봉사

남명 67세에 명종이 세상을 떠났다. 평생 단 한 명의 아들을 낳았으나 13세로 요절하여 임금 자리를 이을 후계자가 없었다. 이렇게 하여 선조가 16세의 나이로 왕자의 신분이 아닌 상태에서 졸지에 임금의 자리에 오르게 되었다. 신라시대로 말하자면, 성골출신이 아니라 진골출신이 왕이 된 것이다. 보통의 경우 다음 왕위를 이을 세자는 대궐에서 임금이 거처하는 공간의 동쪽에 살면서 왕이 되기 위한 여러 가지 교육을 받게 된다. 그래서 세자를 다른 말로 동궁이라고 한다. 당대의 훌륭한 학자들이 세자시강원 소속이 되어 세자의 스승을 맡게 된다. 세자의 사부가 되는 것은 큰 명예였고, 그 세자가 왕위를 계승하게 되면 사부들은 통상 정치적 비중이 매우 커지게 되는 것이다. 이에 비해서, 나머지 다른 왕자들은 보통 결혼을 하게 되면 대궐에서 나와 별도의 집에서 거처하게 된다.

선조가 즉위하여 남명을 벼슬에 불렀다. 남명은 상소문을 올리고 나가지 않았다. 정묘년에 올린 사직소에서 다음과 같이 말하고 있다.

제가 엎드려 보건대, 나라의 근본은 쪼개지고 무너져서 물이 끓듯 불이 타듯 하고, 여러 신하들은 거칠고 게을러서 시동尸童같고 허수아비 같습니다. 기강이 씻어버린 듯 말끔히 없어졌고, 원기가 온통 나른해졌으며, 예의가 온통 쓸어버린 듯하고, 형벌 정책이 온통 어지러워졌습니다. 선비의 습속이 온통 허물어졌고, 공공의 도리가 온통 없어졌고, 사람을 쓰고 버리는 것이 온통 뒤섞였고, 기근이 온통 갈 데까지 갔고, 창고는 온통 고갈되고, 제사를 지내는 것이 온통 더렵혀지고, 세금과 공물은 온통 멋대로 걷고, 변경의 방어가 텅 비었습니다. 뇌물을 주고받음이 극도에 달했고, 남을 헐뜯고 이기려는 풍조가 극도에 달했고, 원통함이 극도에 달했고, 사치도 극도에 달했고, 공헌이 통하지 않고, 이적이 업신여겨 쳐들어오니, 온갖 병통이 급하게 되어 하늘 뜻과 사람의 일도 또한 예측할 길이 없습니다.

관료의 무사안일과 부패와 뇌물의 풍조로 인하여 나라의 어느 것 하나도 정상적인 상태가 없다는 말을 하고 있다. 선조는 임금이 되기 위한 교육을 전혀 받지 않은 상태에서 왕이 되었다. 그래서 즉위 초에 국가의 원로들에게 조언을 구했다. 즉위 다음해가 무진년이었기에 당시 17세인 선조의 요청에 따라 국가의 문제점과 그것을 해결하기 위한 방법 등을 제시해 올린 상소문을 「무진봉사」라고 한다. '봉사'라고 한 것은 상소문을 봉투에 넣은 다음 겉봉을 풀로 봉해서(封) 올렸기 때문에 붙인 이름이다. 원래 대부분의 상소문은 임금이 바로 받아 보는 것이 아니라 오늘날의 청와대 비서실이라고 할 수 있는 '승정원'에서 사전에 검토하도록 되어 있다. 특히 지방에서 올리는 상소문은 오늘날의 도지사에 해당되는 각 도의 감사가 일차로 검토해서 승정원으로 보내고, 승정원의 승지들이 다시 검토하여 최종적으로 왕에게 보고하도록 되어 있다. 그런데 당시 선조는 파격적으로 승정원에서 미리 검토하지 못하도록 하고, 오직 자신이 직접 개봉해서 읽어 보겠다는 입장을 제시하여 상소문의 겉봉을 봉해서 올리라고 했던 것이다.

이때에 선조에게 올린 상소문 중에서 대표적인 것이 남명과 퇴계가 올린 것이다. 남명이 올린 것은 「무진봉사」라는 이름으로 남아 있고, 퇴계가 올린 것은 「무진봉사」 또는 「무진육조소」라는 이름으로 전한다. 두 사람이 올린 상소문을 살펴보면 당시 남명과 퇴계의 시국관과 그에 대한 문제점 해결 방안을 알 수 있다. 남명은 13년 전에 명종에게 올린 상소문과는 달리 17세의 선조에게 아버지와 같은 심정으로 자상하게 정치의 요점을 설명하고 국가의 문제점을 지적하였다. 이 상소문에서 남명은 이른바 '서리망국론'을 진술했다. 그 당시의 조선은 서리들로 인하여 망할 지경에 이르렀다는 것이 요점이었다.

예로부터 권세를 가진 신하로서 나라를 마음대로 했던 자도 있었으며, 외척으로서 나라를 마음대로 했던 자도 있었으며, 부인이나 환관으로서 나라를 마음대로 했던 자도 있었지만, 지금 시대처럼 서리胥吏가 나라를 마음대로 했던 것은 들어보지 못했습니다. …군민軍民의 서정과 나라의 기무가 다 도필리刀筆吏의 손에서 나와 아무리 작은 일이라도 대가를 주지 않으면 행해지지 않으니, 안으로는 재물을 모으고 밖으로는 백성을 흩어지게 하여 열에 하나도 남지 않았습니다. 심지어는 각기 주와 현을 나누어 제 것으로 삼고 문서를 만들어 자손에게 전하기까지 합니다. …이러고서도 만족하지 않아 국고의 물건까지 다 훔쳐내니 저축된 것은 아무 것도 없어 나라꼴이 말이 아니고 도적이 도성에 가득합니다. …하급 아전이 도적질을 하고 모든 관리는 한 무리가 되어 나라의 심장을 차지하고 국맥을 해쳐, 천지의 신령에게 제사할 희생을 훔쳐가는 것보다 더한 죄인데 법관은 감히 문책도 못하고 감찰하는 신하도 꾸짖지를 못하며, 혹시 일개 관원이 조금 규찰하려고 하면 문책하고 파직하는 권한이 그 손아귀에 있어 뭇 관리들은 속수무책으로 겨우 제사상의 남은 음식만 먹고 예예 하며 물러가는 정도일 뿐만이 아니니, 이것이 어찌 믿을 데가 없으면서도 이처럼 기탄없이 마구 날뛰고 방자하게 구는 것이겠습니까.

이 내용은 남명이 죽은 이후에도 자주 조정에서 논의되었다. 남명이 지적한 '서리망국론'은 그 이후로 조선의 정치에서 핵심 화두가 되었다.『조선왕조실록』에는 어전회의에서 그 말이 논의되었던 사실들을 상세히 기록하고 있다. 몇 가지만 인용하면 다음과 같다.

선조 28년 을미(1595, 만력 23) 1월22일(을미). 유성룡이 아뢰기를, …조식曺植이 말하기를 '우리나라는 서리 때문에 망한다.' 하였습니다.
선조 29년 병신(1596, 만력 24) 4월16일(임자). 상이 이르기를, 일찍이 조식에게 들으니 '우리나라는 하리로 말미암아 망한다.'고 하였으니, 이 말이 실로 거짓이 아니다.
광해군 2년 경술(1610, 만력 38) 3월26일(임인). 박이장은 아뢰기를, 선정신 조식의 말에 '우리나라는 서리로 망할 것이니, 마땅히 목욕하고 성토해야 한다.'고 하였는데, 당시에 그 말이 지나치다고 하였으나 지금에 이르러서는 모두 명언이라고 합니다.
영조 41년 을유(1765, 건륭 30) 7월20일(계사). 하교하기를, "지금 세상에 독서하는 선비는 어찌하여 옛날 조식과 같은 자를 얻을 수 있겠는가? 다만 그 사람이 없음을 한스럽게 여긴다." 하였다.

선조 광해군 인조 숙종 영조 정조의 치세에서 그 말이 논의되었고, 임금과 사간원의 관리도 언급하였고, 유성룡 이이 심희수 등 당대의 명신이 임금에게 말하고 있다.

그 이전에 일찍이 남명은 벗 황강 이희안에게 준 시에서 '슬피 우는 백성은 가을에 더욱 굶주린다(嗚咽蒼生稔益飢)'고 하여 당시의 실정을 표현하였는데, 이런 것이 바로 서리들의 횡포 때문에 생긴 현상으로 볼 수 있는 것이다. 추수하는 계절인 가을에 백성들은 모든 수확물들을 서리들에게 빼앗기게 되어, 자기가 고생해서 지은 농작물을 수확만하고 먹지를 못하는 상황을 읊은 것이다.

남명의 식견은 현실이 되어 결국 조선은 서리들의 횡포로 망하게 되었다. 1862년에 일어난 단성민란은 며칠 뒤에 진주민란으로 확대되고, 불과 1년 안에 전국의 70개 지역에서 연쇄적으로 일어났다. 예전에는 이 사건을 '임술민란' 즉 임술년에 백성들이 일으킨 반란으로 표현했지만, 지금은 '임술농민항쟁' 즉 임술년에 농민들이 잘못된 정치에 저항한 투쟁이라고 한다. 조선은 서리들의 횡포로 망하게 되고 우리나라는 근대화의 길로 접어들게 되었으니, 이러한 것이 역사의 흐름 아니겠는가!

이 무렵 남명은 개인적으로 구암 이정과 절교하는 사건이 있었다. 이른바 '진주음부사건'이라는 것에 연루되어 만년에 마음고생을 매우 심하게 하였다. 제자들에게 보낸 당시의 편지에서 그 상황을 짐작할 수 있는데, 11살이나 나이가 적었지만 오랜 기간 벗으로 또는 후배로 마음을 나눈 이정과의 절교는 남명 성격의 한 부분을 잘 드러내고 있다. 이정은 만년에 남명과 함께 덕산에서 살고자 뇌룡사 옆에 집도 지어두었지만 이 사건으로 인하여 그 집에서 단 하루도 살아보지 못하고 남명보다 1년 먼저 세상을 떠났다. 이러한 이야기는 자세히 언급할 내용이 아니므로 접어둔다.

69세에는 공식적으로 정식 벼슬에 임명된 마지막 경우라고 할 수 있는 종4품 종친부 전첨을 제수 받았으나 나가지 않았다. 왕실의 종친들을 관리하는 벼슬을 내리고서 남명이 나오기를 기대했으니 어찌 말이 되겠는가!

7장

70대 :
빛을 잃은 처사성,
영의정 추증, 사제문

빛을 잃은 처사성

70세에 선조가 다시 벼슬에 불렀지만 나가지 않았다. 12월에 퇴계의 부음을 듣고는 "이 사람이 갔다하니 나도 얼마 남지 않았다."고 하였다. 71세에 임금이 경상감사를 시켜 음식을 보내주니, 상소를 올려 은혜에 감사드렸다. 그 내용에 "선비가 길에 버려져 있는 것은 나라를 다스리는 사람의 수치"라고 하여, 어진 선비를 등용하지 않음을 비판하였다. 나라의 기강이 무너질 대로 무너져 있어도 신하들이 무사안일에 빠져있다고 하고, 오직 임금이 의를 실행해야 한다고 강조하였다.

12월에 갑자기 등창으로 병을 얻었다. 72세 1월에 여러 제자들이 찾아와 문병하였는데, 정인홍 김우옹 정구 등은 보름 이상 머물면서 간병하였다. 병중에도 제자들에게 경과 의의 중요성을 일깨웠고, 정인홍 김우옹 정구 등의 제자들에게는 벼슬에 나가고 물러나는 도리에 대해서 상당한 식견을 지녔다고 칭찬하였다. 김우옹이 "머리를 동쪽으로 하고 누워 생기를 받으시라."고 권하자 "동쪽으로 머리를 둔다고 어찌 생기를 받겠는가?"하다가, 재삼 권하자 허락하면서 말하기를 "군자가 사람을 사랑하는 것은 예로써 하는 것이라."고 하고서 머리를 동쪽으로 하고 누웠다.

이에 앞서 김우옹이 죽은 다음의 칭호에 대해서 어떻게 쓸 것인지를 물었다. 김우옹이 물은 것은 아마도 남명에게 적자가 없었고, 서자들은 아직 어려서 차석이 21살 정도였으므로 집안사람으로서는 큰 외손서로서 장례를 주관해야 하는 입장이었기 때문일 수 있었다고 생각된다. 이에 대해 남명은 "처사라고 쓰는 것이 옳다. 이것이 내 평생의 뜻이었으니, 이것을 쓰지 않고 관직을 쓰는 것은 나를 버리는 것이다."라고 하였다. 그러면서 5년 전에 죽은 부인의 묘갈에 '영인令人' 즉 4품 품계의 부인에게 주는 작위를 쓴 것은 그것을 아들 차석의 이름으로 하였기 때문이라고 말했다. 당시 남명은 종4품 종친부 전첨을 제수 받았었다.

이즈음에 남명은 제자에게 자신이 직접 정리한『사상례절요』라는 작은 책자를 주었다. 이 책은 남명이『주자가례』등을 참고하여 당시의 실정에 맞는 선비의 장례식 절차를 정리한 것이었다. 남명은 자신의 장례절차를 모두 미리 정리해두어 어린 자식들이나 제자들이 혼란이 없도록 배려한 것이다. 남명은 당시 예학에 밝아 향촌의 교화에 큰 역할을 한 것으로 알려져 있다.

정월 보름에 김우옹을 불러 더 이상 약을 들이지 말라고 하고서 또 식음도 폐하겠다고 하였다. 그리고 창문을 열라고 명하여 "하늘이 이렇게도 청명하구나." 하였다. 창벽에 써 둔 '경의' 두 글자를 보고서는 그 중요성을 강조하면서 "이것을 쓰는 것이 익숙해지면 하나의 물건도 가슴에 없게 되는데, 나는 이 경지에는 이르지 못하고 죽는다."고 하였다. 제자들이 약을 폐하는 것은 그렇더라도 미음까지 폐하는 것은 자연스러운 도리가 아니라고 권유하자 다시 미음을 들기 시작하였다. 남명은 숨을 거두는 순간까지 정신이 맑은 상태였다. 사람이 죽음에 임하여 이처럼 편안하기는 쉽지 않은 일이다. 일생 동안 자기성찰의 공부가 충분해야만 가능하다.

경상감사가 남명에게 병이 있다고 왕에게 아뢰어 특별히 전의를 파견하였는데, 산천재에 도착하기 전인 2월 8일에 세상을 떠났다. 이때에 산천재 뒷산이 울고 나무에 상고대가 끼는 변이 있었다고 전한다. 이에 앞서 우리나라의 사신이 중국에 갔을 때, 그곳의 천문관이 하늘의 처사성이 빛을 잃은 것을 보고서 "그대 나라의 처사가 불리할 것이라"고 했는데, 귀국해보니 남명이 세상을 떠났다는 말을 들었다고 한다.

영의정 추증

남명이 세상을 떠나자 선조는 곧 통정대부 사간원 대사간을 추증하고 부의를 내리고 예조좌랑 김찬을 보내 남명 영전에 제사를 지냈다. 남명이 살았을 때 사간원 대사간을 제수했다면 아마 벼슬에 나갔을지도 모르는 일이다. 그러나 만약 남명이 그와 같은 벼슬에 나갔다면 조정의 많은 신하들이 탄핵을 당했을 것이고, 결국은 남명 자신도 온전히 벼슬을 마치지 못했을 가능성이 많다. 임금도 대신도 남명 자신도 그러한 벼슬이 가장 적합한 것인 줄 알지만 실제로는 줄 수 없는 벼슬인 것도 알았던 것이리라.

산천재에 빈소를 마련하고 3개월의 빈장을 거친 뒤 4월 6일 산천재 뒷산의 임좌원 언덕에 장사지냈다. 이 해에는 윤 2월이 들었기에 3개월의 빈장이 되는 것이다.

남명이 세상을 떠난 4년 뒤 산천재에서 5리쯤 떨어진 구곡산 아래에 덕산서원을 건립하고 채례를 지냈다. 이 해에 고향인 삼가에는 회산서원이 건립되었고, 1588년에는 김해의 산해정 동편에 신산서원을 건립하였다. 이 세 곳의 서원을 일러 남명을 배향하는 3산서원이라고 하였다. 또 남명의 덕

산서원, 퇴계의 도산서원, 회재의 옥산서원을 일러 영남의 3산서원이라고
도 하였다. 1609년 광해군이 즉위하여 이 세 서원을 모두 사액하니, 덕천서
원 용암서원 신산서원이라고 하였다.

광해군 7년에 성균관의 유생들이 남명의 벼슬을 높여줄 것과 시호를 내
려줄 것을 청하여, 대광보국숭록대부 의정부 영의정 겸 영경연홍문관예문
관춘추관관상감사 세자사의 직을 내리고 문정文貞이라는 시호를 내렸다.
조정의 신하로서는 최고의 벼슬인 영의정을 추증하고, 세자사부의 벼슬까
지 더했다. 시호로 받은 '문정'은 '도덕을 갖추고 학문이 깊다(道德博聞)'는
뜻의 '문'과, '도를 곧게 하여 흔들림이 없었다(直道不撓)'는 뜻의 '정'을 쓴
것이다. 남명에게 시호를 내릴 때 조선의 시호법에는 '직도불요'라는 뜻의
'정'이 없었다. 그래서 중국의 선례를 찾아서 남명에게 가장 어울리는 시호
로 내린 것이니 그 뜻이 더욱 절실하다고 하겠다.

세상을 떠난 지 20년 뒤에 임진왜란이 일어나니 제자들이 조정에서 그
리고 의병장으로서 나라를 구하는데 앞장섰다. 30년 뒤인 1602년에는 임
진왜란으로 불탄 덕천서원과 용암서원을 중건하고, 전쟁 중에 소실되고 흩
어진 남명의 글들을 되는대로 수습하여 선생의 문집을 해인사에서 간행하
였다. 그러나 문집은 채 반질하기 전에 책판이 불에 타버렸는데, 2년 뒤에
다시 간행하여 배포하였다. 『남명집』은 이후 우여곡절이 많아 17차례 정도
간행되었으니 우리 역사상 가장 많은 간행횟수를 기록한 문집이다. 1617년
에는 남명이 평소 독서하면서 중요한 부분을 메모해 두었던 자료들을 『근사
록』의 체재에 맞추어 편집해서 간행하니 곧 『학기유편』이다.

1617년에는 남명을 문묘에 종사하기 위하여 전국의 유림과 성균관 및
사학의 유생들 그리고 홍문관과 사간원 사헌부에서도 상소를 올렸으나 끝
내 허락받지 못했다. 참고로 공자를 모시는 사당인 문묘에는 우리나라 유학
자 18인이 배향되어 있는데, 인조반정 이전 배향인물 9인, 이후 배향인물이

9인이다. 인조반정 이전의 인물은 모두 영남과 밀접한 관련이 있지만, 이후 배향인물은 영남인은 한 명도 없고 모두 서인뿐이다.

사제문

　남명이 세상을 떠난 직후 선조가 사제문을 내리고 영전에 제사를 지냈다. 당시 선조를 대신해 사제문을 지은 인물은 심의겸이다. 심의겸은 이른바 동서분당의 당사자로서 서인 훈구파의 촉망받는 사람이었다. 조정의 인사추천권을 가진 막강한 요직인 이조전랑 자리를 두고 남명의 제자 김효원과 대립하게 되어 사림파 계열의 김효원 쪽은 동인이 되고, 훈구파 계열의 심의겸 쪽은 서인으로 갈라져 조선시대 당쟁의 시초가 되었던 것이다. 당쟁이 일어나기 훨씬 이전에 심의겸은 당대의 문장가로 이름이 있어 선조가 남명에게 내리는 '사제문'을 지은 것이다.

　남명은 역대로 세 임금이 '사제문'을 내려 영전에 제사를 지내준 인물이다. 또한 몇 가지 사정으로 인하여 '신도비명'도 네 개나 남은 인물이며, 일대기를 기록한 「행장」도 두 편이나 보유한 특별한 인물이다. 이러한 사실들은 모두 남명이 세상을 떠난 뒤 남명학파가 겪은 역사적 흐름이 복잡했다는 것을 말하는 반증이기도 하다. 남명의 사제문은 처음 선조가 내렸고, 다음은 광해군이 영의정을 추증하면서 내렸으며, 마지막은 정조 때 남명에 대한 선양사업이 활발하게 일어났는데 정조가 직접 제문을 지어서 내렸다.

　선조가 내린 제문에서 묘사하고 있는 남명의 모습은 다음과 같다.

　강과 산의 정기를 받고 우주의 깨끗한 광채 모아, 타고난 품성이 빼어나고 기질이 순수하고 밝았다. 난초 밭에 싹이 나듯 명문가에 태어나, 문예를 익힘에 출중하고 예리했다. 일찍부터 대의를 보고 널리 깊은 뜻을 찾아, 굳세게 공자와 안자를 기약하여 나아갔다. 하늘이 유학을 버려 선비들이 길을 잃어 참모습 버리고 시세에 아첨하였지만, 뜻을 더욱 굳게 하여 그대의 지조는 변함없고, 문장을 익힘은 뒷일로 여겨 도를 향해 매진했다. 나아갈 곳 이렇게 정하여 명성을 싫어하더니, 보배를 품고서 산야에 깃들었다. 우뚝하기 산과 같고 깊기로는 연못이라. 맑은 기상은 서리 같고 고운 덕성은 난초 향 같아, 얼음 병에 든 가을달이요 밝은 별에 상서로운 구름이라……

광해군 때에 영의정에 추증하고 내린 제문에서는 다음과 같이 표현하고 있다.

강과 산이 빼어난 기운 안고 해와 별이 깨끗한 광채 내려, 엄격하고 순결하며 정대하고 강직했다. 만 길 절벽처럼 우뚝하고 멀리 세속에서 벗어나, 덕은 공자의 가르침을 겸하였고 용기는 삼군을 제압했다. 경에 바탕한 성인 공부는 능히 함양을 이루었고, 의와 짝한 바른 기운 천지간에 가득 찼다. 안과 밖이 서로 곧고 반듯해 능히 밝은 빛 드러냈고, 수신제가 모두 이뤄 학문이 정밀했다. 은둔해도 세상 잊지 않았으니 곤궁 속에 고결함만 원하지 않았다. 자취는 비록 골짝에 있었으나 마음은 진실로 임금과 백성을 염려했다.

정조 때는 기호남인의 영수였던 번암 채제공이 이조판서로 있을 때부터 현직 영의정으로 세상을 떠나기까지 덕천서원의 원장으로 재임하면서 남명의 선양사업이 크게 일어났다. 또한 정조는 학문을 좋아하고 글짓기를 즐겨하여 조선의 임금 중에서는 유일하게 자신의 문집인 『홍제전서』를 남긴 인물이다. 정조는 이 시기에 남명의 제문을 직접 지었다. 이 사제문은 옛날 『남명집』에는 「정종대왕친제사제문」으로 수록되어 있는데, 정조는 처음 묘호를 정종으로 하였다가 고종 때 다시 정조로 추존하였기 때문이다.

용은 깊은 못에 잠겨 있고 봉황은 천 길을 나르니, 세상에 드문 영험한 물건은 높거나 깊은 곳에 있다. 하물며 인걸이 어찌 자주 출현하랴, 기산의 허유 아득하고 상산사호도 적막하다. 높은 절개 우러르니 흐르는 물 흰 구름 아련한데, 다행히도 남명이 이에 우리나라에 태어났다. 깨끗하고 당당하며 높고도 우뚝하여, 해와 별이 광채를 뿜듯 하며 서리와 눈이 고결하듯 하다. 내 역사책 살펴서 그대의 평일 알아보니, 신명이 통한 효성과 우애에다 세상 덮을 이름난 절개라! … 칼에 새겨 분발하고 방울 차서 각성했다.

이 사제문은 비석에 새겨 덕천서원 뜰에 세워두었는데, 6.25 전쟁 당시 없어졌다. 정조는 이 제문에서 남명을 허유와 상산사호에 비유했다. 정조 당시 이 지방의 학자들은 임진왜란 때 불에 타버린 산천재를 복원할 계획을 세웠었다. 그러나 여의치 못하여 산천재는 순조 18년 즉 1818년에 중건하였다. 그리고 산천재의 가운데 부분 천정 가까운 벽에는 삼면에 벽화를 그렸다. 오른쪽에는 '허유소보도' 정면에는 '상산사호도' 그리고 왼쪽에는 '이윤경신도'이다. 정조 때는 우리나라의 르네상스 시기라고 할 수 있다. 이 당시에 덕을 갖춘 은둔형 처사를 그린 그림이 유행했는데, 조선시대 처사의 대표적 표상이었던 남명의 산천재에 이러한 그림을 그리게 되었던 것이다.

위의 세 제문에서 묘사하고 있는 남명의 모습과 품성은 유사한 측면이 있지만 각기 표현한 방식이 다르다. 남명이 세상에 있을 때나 세상을 떠난 다음 다른 사람들이 남명을 묘사한 표현은 공통점이 있다. 일찍이 송계 신계성은 '눈 내리는 하늘과 차가운 달과 같은 기상(雪天寒月底氣像)'이라고 했다. 위의 사제문에서 표현하고 있는 말들도 '절벽이 만 길이나 우뚝 서 있는 모습(壁立萬仞)', '가을의 서리나 여름의 뜨거운 해(秋霜烈日)', '봉황이 만 길 높이에서 날고 있는 모습(鳳翔萬仞)', '홀로 우뚝하여 빼어난 절개를 지닌 모습(孤高卓節)', '해와 달과 더불어 광채를 다투는 모습(日月爭光)', '산악이 우뚝하고 연못이 깊은 모습(嶽立淵沖)', '태산 같은 벽이 우뚝 선 모습(泰山壁立)' 등으로 다양하다. 이 모든 표현들은 결국 남명의 고고한 정신과 변하지 않은 지조를 나타내는 말일 뿐이다.

남명의 제자 한강 정구는 덕천서원을 방문하고 스승의 묘소를 참배하면서 제문을 지었는데, 그 중에 남명의 형상을 다음과 같이 표현하였다.

하늘과 땅의 순수하고 굳센 덕을 품부 했고, 강과 산악의 맑고 깨끗한 정기를 타고나셨네.

재주는 일세에 높고, 기상은 천고를 덮으셨다.

지혜는 족히 하늘과 땅의 변화에 통하고, 용맹은 족히 삼군의 장수를 뺐을 만하셨네.

태산 같은 벽이 우뚝 선 기상을 가졌으며, 봉황이 만 길을 날아오르는 아취를 지니셨네.

산봉우리 위의 옥처럼 빛나고, 수면의 달처럼 빛 나셨다.

나의 관점에서 본다면,

마땅히 그 떨침이 우리 동방에서는 없었던 호걸이어라!

구한말의 유학자 면우 곽종석은 '선생이 살아 계실 때는 경과 의를 해와 달로 가르치시더니, 선생이 돌아가신 후에는 선생이 곧 해와 달이시구나(先生卽日月)'이라고 하여, 최고의 찬사를 표했다.

제2부

남명

선생의

가르침

8장

경과 의
– 성성자와 경의검

남명의 사상은 경과 의로 집약된다. 제자들을 가르칠 때 남명은 경과 의를 창벽 사이에 크게 써 두고서 "우리집에 이 두 글자가 있는 것은 하늘에 해와 달이 있는 것과 같아서 만 세를 지나도 바뀌지 않을 것이며, 옛 성현들의 천 마디 말과 만 마디 글들이 모두 다 이 두 글자를 벗어나지 않는다."고 했다. 이 개념은 원래 『주역』의 '곤괘'에 대한 「문언전」의 설명에서 육이효의 풀이에 나오는 말이다. '경으로 안을 곧게 하고, 의로 밖을 반듯하게 한다(敬以直內 義以方外)'고 하였다. 경은 자신을 삼가고 타인을 공경하는 마음이요, 의는 스스로에게 부끄럽지 아니하고 남에게 떳떳한 행동이다.

남명은 이것을 달리 표현하여 '안으로 밝은 것은 경이요, 밖으로 결단하는 것은 의이다(內明者敬 外斷者義)'라고 하였다. 내면적 성찰을 통하여 한 점 티끌도 간직하지 않고 있는 상태를 경이라 하였고, 외부로부터의 유혹과 욕망을 단절하여 부끄럽지 않은 행위를 의라고 한 것이다. 남명은 이 구절을 늘 차고 다니던 칼 즉 패검의 자루에 새겨 항상 경계로 삼았다. 한편으로 남명은 '경' 공부를 무엇보다 중요시하였는데, "학자가 공부하면서 경 공부를 빠트린다면 그 공부는 헛된 것이다"라고 하였다. 또 "경으로써 마음과 호흡이 서로 돌아보고, 기미로써 의식의 단초와 행동의 미세함을 살핀다."고 하였다.

성리학에서 경은 자신을 수양하는 기본 개념이다. 남명은 이 경을 네 가지 개념으로 정리했다. '몸가짐을 깨끗이 하고 행동을 엄숙하게 하고(整齊嚴肅)', '그 흐트러진 마음을 모으고(其心收斂)', '하나에 집중하여 다른 것으로 나가지 않으며(主一無適)', '항상 맑은 정신을 유지하는 방법(常惺惺法)'이 바로 그것이다. 이 네 가지 중에서 남명은 항상 맑은 정신을 유지하는 것을 더욱 중요하게 여겼다. 그리하여 남명은 '성성자惺惺子' 즉 '마음을 맑게 깨우치는 물건'이라는 이름의 방울을 차고 다녔다.

생각이나 행동은 처음에 조금이라도 잘못되면 그 결과는 천 리나 잘못되게 된다. 마하트마 간디가 "방향이 잘못되면 속도는 아무런 의미가 없다"고 말한 것과 같은 뜻이다. '성성자'와 '경의검'은 '경'과 '의'의 상징이었다. 성성자는 소리를 내기 위해서 차고 다니는 방울이 아니라, 소리를 내지 않기 위해서 차고 다니는 방울이었다. 정신이 항상 맑게 깨어 있으면 옷섶에 찬 방울에서 소리가 나지 않게 움직일 수 있는 것이기 때문이다. 마음과 호흡이 서로를 돌아보는 도구라는 말의 의미가 이것이다. 경의검은 내 자신으로부터 욕망이 생겨나거나 외부로부터의 유혹이 들어오고자 할 때, 그 첫 움직임 즉 기미가 생기는 순간부터 의식의 단초와 행동의 미세함을 정확히 파악하고서 잘못된 것들을 단절하는 도구이다.

『선조수정실록』에 다음과 같은 내용이 있다.

조식은 쇠 방울을 차고 다니며 몽롱한 정신을 환기시키고, 칼을 턱에 괴고서 혼미한 정신을 경각시켰다. 말년에 쇠 방울은 김우옹에 주고, 패검은 정인홍에게 주면서 "이로써 나의 심법을 전한다."라고 하였다.

이 기록은 완전히 믿을 수 없다. 『선조수정실록』은 인조반정 이후에 광해군 때 편찬한 『선조실록』을 반정쿠데타에 성공한 서인의 입장에서 다시 편찬한 것이기 때문이다. 남명이 경의검을 정인홍에게 주었다는 역사적 기록은 오직 여기에만 있다. 성성자를 김우옹에게 주었다는 기록은 김우옹 자신이 남기고 있으므로 분명한 사실이다.

성성자에 대해서 김우옹은 다음과 같은 기록을 남기고 있다.

계해년(1563) 내가 처음 선생의 문하에 나아가 배알하였을 때, 선생께서 차고 있는 주머니 속에서 쇠 방울을 꺼내 주면서 "이 물건이 성성자일세. 맑은 소리가 사람의 마음을 경각시키고 성찰하게 하니 차고 다니면 경각시키는 데 매우 좋을 것일세. 내가 중한 보물을 자네에게 주니, 자네는 이 물건을 잘 보관하게. 이 물건이 자네의 허리띠에 있으면 모든 동작을 할 때 경계하고 질책할 것이니 매우 경외할 만할 것일세. 자네는 경계하고 두려워하여 이 방울에 죄를 짓지 말게나."라고 하셨다. 내가 묻기를 "이는 옛 사람이 옥을 차고 다닌 의미가 아닙니까?"라고 하자, 선생이 "그렇다네. 그러나 이 의미가 매우 절실하니 옥을 차고 다니는 의미보다 훨씬 낫네."라고 하셨다.

남명은 벗인 김희삼의 아들 김우옹을 외손녀사위로 맞아들이고 나서 제자로 받아들이면서 이 성성자를 주었던 것으로 보인다. 그만큼 그에게 거는 기대가 컸다고 할 수 있을 것이다.

반면에 경의검은 원래 별도의 이름이 없었던 것으로 나타난다. 패검이나 패도로 불리다가 1900년 무렵이 되어서 비로소 '경의검'이라는 이름으로 통일하여 부른 것으로 보인다. 남명이 세상을 떠난 뒤에 실제로 본 경의검에 대한 기록은 조근의 「유덕산기」에 처음 등장한다.

패도 네 자루가 후손가에 보관되어 내려온 것이 아직 있다. 그 제도가 꽤 커서 거의 길이가 7촌이나 된다. 네 자루 모두 '내명자경 외단자의' 여덟 자가 새겨져 있다. 남명이 별세한 뒤 한 번도 숫돌에 갈지 않았는데, 광채가 형형하여 숫돌에 갓 갈아낸 것 같다.

1663년에 쓴 기록이다. 인조반정 이후 40년 뒤의 일이다. 생육신의 한 사람인 조려의 후손인 조근이 덕산을 여행하면서 남긴 여행기다. 여기서는 경의검이 네 자루라고 했다. 처음부터 경의검은 한 자루가 아니었던 것이다. 최소 네 자루 또는 다섯 자루였던 것으로 생각된다. 만약 남명이 한 자루의 경의검을 정인홍에게 준 것이 사실이라면 다섯 자루였고, 그것이 사실이 아니라면 네 자루였던 것이다.

그 다음은 1721년 이후의 어느 때에 퇴어당 김진상이 남긴 시에 경의검에 대한 시가 있다. 이 시의 제목은 상당히 긴데, 「남명의 쌍도雙刀가 아직 그의 후손가에 있어 꺼내 내게 보여주었는데, 그 자루의 한쪽 면에는 '내명자경內明者敬' 4자가 새겨 있고, 다른 한쪽 면에는 '외단자의外斷者義' 4자가 새겨져 있었다. 모두 남명선생의 친필이다」라고 되어 있다.

雙刀出匣雙虹閃	두 자루 칼을 상자에서 꺼내니 두 줄기 섬광 번뜩이고,
手澤猶存手筆銘	선생의 수택이 아직 남아 있고 친필로 쓴 명銘이 있네.
想像雷龍亭上掛	생각건대 이 칼을 뇌룡정에 걸어두었을 적에는,
軒窓白日起風霆	밝은 대낮에도 창가에서 바람과 우레가 일었겠지.

여기서는 경의검이 두 자루라고 하였다. 그런데 경의검에 대한 기록은 이로부터 150여 년 동안은 전혀 나타나지 않는다. 그러다가 1925년 췌옹 장화식이 「강우일기」에서 경의검 세 자루를 남명의 종손 집에서 보았고, 종손 조동환으로부터 "우리 중세의 후손들은 충청도의 어느 군에서 대를 잇고

있었는데, 불행히도 화재를 당해 유물을 지켜내지 못하였고, 타지 않은 것이 이 보검뿐입니다."라는 말을 들었다고 기록하고 있다. 경의검은 남명의 후손이 중간에 충청도로 이사하여 살았던 기간 동안 나타나지 않았던 것이며, 1900년 무렵부터 다시 서부경남인들의 기록에 나타난다.

경의검의 모습에 대한 자세한 기록은 두 가지에서 확인할 수 있다. 추범 권도용이 1939년에 남긴 글은 다음과 같이 묘사하고 있다.

10월 25일 거듭 덕천서원을 배알하였다. 후손 조표 씨가 나를 사당 안으로 데리고 들어가 소장하고 있던 경의검 세 자루를 꺼내 보여주었다. 세 자루는 대소에 조금 차이가 있었다. 상아의 뼈로 칼자루를 만들었고, 칼자루에 용의 형상을 조각한 것이 두 자루였다. 모두 가죽 칼집 속에 들어 있었는데, 칼집에 좀이 쏠아 헤진 곳이 있었다. 칼날에 붉은 녹이 있었지만 광채가 은은하게 비추었다. 선생의 수택이 삼백 년 뒤에도 완연하여 나도 모르게 숙연히 경계하는 마음이 들었다. 이에 이 검명을 짓는다.

또 1932년에 간행된 『진양속지』에는 다음과 같이 묘사하고 있다.

문정공 조 남명 선생에게 칼 두 자루가 있었는데, 길이는 한 자쯤 되었다. 물소의 뿔과 상아로 칼자루를 만들고, 두 마리 교룡을 칼자루에 새겨 그 머리를 서로 마주보게 하였으며, 칼자루 양쪽에 해서체로 검명을 새겨놓았는데 '內明者敬 外斷者義'라고 하였다. 가죽으로 칼집을 만들었다. 이 칼은 대개 남명선생이 평소 차고 다니면 것인데, 그 광채가 마치 갓 숫돌에서 간 듯이 번쩍거린다고 한다.

이 기록들을 종합해보면, 경의검은 네 자루가 있다가 세 자루 또는 두 자루로 줄어들고 있다. 그 길이는 20㎝ 정도부터 30㎝ 정도까지로 달랐으며, 칼자루는 상아 또는 물소의 뿔로 만들어 교룡의 머리를 새겨 서로 마주보게 하였고 남명이 직접 쓴 '내명자경 외단자의'라는 검명이 새겨져 있었던 사실을 알 수 있다.

이 무렵부터 경의검을 보고서 그 느낌을 시로 남긴 사람이 9명이다. 광천 조성윤, 고헌 송호문, 우산 한유, 과재 이교우, 심재 조긍섭, 하봉 조호래, 담산 하우식, 회산 안정려, 추범 권도용 등이다. 이 중에서 두 수만 감상해보자.

한유는 「남명선생고검가」에서 이렇게 읊었다.

擢柳之筋搯韓髓	류종원의 근력과 한유의 골수를 뽑아내니,
煥乎其文自成章	빛나도다! 그 문장이 절로 이루어짐이여.
百家紛紛支節解	백가가 분분히 지절로 나누어져 다툴 때,
恢恢遊刃有餘疆	드넓게 칼을 휘둘러 넉넉한 강토 소유했네.
幡然回蹠閩洛轍	문득 발길을 돌려 주자와 정자의 학문 따라,
伊志顔學意味長	이윤의 뜻에 안자의 학문 하니 의미심장하네.
天理人欲幾微際	천리와 인욕의 기미가 나누어지는 지점에서,
劃然不留私毫芒	조금의 사욕도 남기지 않고 깨끗이 제거했네.
意必之萠殲厥根	사의와 고집이 싹틀 때 그 뿌리를 끊었고,
塵土之生刳孤腸	티끌이 일어날 때 홀로 배를 갈라 씻었네.
一朝沛然無所事	하루아침에 성대하게 일삼을 바가 없어지니,
行吾所欲如康莊	내가 하고 싶은 대로 해도 걸림이 없었네.
我腹枵然升斗大	내 배는 한 되 한 말을 먹을 정도로 큰데,
妖魔惡魅來翶翔	요괴와 악귀가 와서 마음대로 설치고 있네.
我土蕞爾黑子小	내 땅은 작은 점처럼 보잘것없이 좁은데,
怪獸奇鬼紛徊徨	괴수와 별난 귀신이 어지러이 돌아다니네.
願借高堂夫子劍	원컨대 집에 모신 선생의 칼을 빌려,
一掃醜類如探囊	한차례 약탈하는 추한 자들을 쓸어버리고 싶네.
昭昭日月重回照	밝고 밝은 일월이 다시 돌아와 비추면,

功名萬古垂東方　　공명이 만고토록 우리나라에 전해지리.

안정려는 「남명선생고검가」에서 다음과 같이 노래했다.

德溪東岡寒岡三君子　덕계와 동강과 한강 세 군자들이,
傳其神磨之濯之光常閃　그 정신을 전해 갈고 씻은 광채 항상 번뜩였네.
立朝欲斬蛇蝎頭　조정에 나아가서는 악인의 머리를 베려고 했고,
克己要去圭璋玷　극기복례할 적에는 옥의 티를 제거하려 했네.
守愚用之斬晩梅　수우당은 이 칼을 써서 복사꽃 오얏꽃과 함께,
肯與桃李爭春艷　화려함을 다투려 한 늦게 핀 매화를 베었다네.
笑軒用之殲狂賊　대소헌은 이 칼을 써 날뛰는 왜적을 섬멸했으니,
黃石山上騰光焰　황석산 위에 이 칼의 섬광이 허공에 뻗쳤네.
自後寥寥四百載　그로부터 사백 년의 세월이 적막하게 흘러,
千妖萬怪紛相覘　요괴들이 어지러이 서로 이 땅을 엿보고 있네.
荊棘蓬蒿通衢塞　가시덤불 우거지고 쑥대 무성해 세도가 막히니,
山魈木客塵寰塾　산간에 사는 사람들 속세의 먼지에 뒤덮였네.
劍乎劍乎誰能用　칼이여, 칼이여, 누가 능히 너를 사용하리,
夜夜長鳴頭流巓　밤마다 두류산 밑 서실에서 길이 울고 있네.

　남명의 경의검은 당대에도 유명하여 경상감사 이양원이 방문해서 "허리에 차고 있는 검이 무겁지 않습니까?"라고 물으니, 남명이 "무엇이 무겁겠습니까? 내가 생각하기로는 상공의 허리에 있는 금대가 훨씬 무거울 것입니다"라고 대답하니, 이양원이 사과하면서 "재주는 얕은데 임무는 무거우니 감당하기 어렵습니다."라고 했다는 일화가 전한다. 감사의 무거운 책무를 지닌 자가 허리에 찬 관인의 무게를 그 책임의 무게로 느껴 백성을 보살펴야 함을 우회적으로 말한 것이다. 남명이 세상을 떠난 후에 경의검은 곧 남명을 상징하는 물건이 되었고, 이것으로 남명정신을 이어받으려는 선비들의

자세가 면면히 남아 있음을 알 수 있다.

　필자가 남명의 후손들로부터 들은 이야기에 의하면, 6.25 전쟁 당시 경의검은 두 자루가 남아 있었는데 한 자루는 인민군 장교가 가져갔고, 나머지 한 자루는 1970년 무렵까지 보관하고 있다가 도난당했다고 한다. 현재 이 경의검들은 세상에 존재가 알려져 있지 않지만 언젠가는 반드시 다시 나타나 남명의 선비정신을 사람들에게 일깨울 것으로 기대한다.

9장

몸가짐과
공부 자세

몸가짐

　남명은 기상과 모습이 맑고 높았으며 두 눈이 형형하게 빛나 바라보면 티끌세상의 인물이 아님을 알 수 있었다고 한다. 새벽에 닭이 울면 이러나서 의관을 정제하고 똑 바로 앉아 어깨와 등을 꼿꼿하게 하고 바로 앉아 있었으니, 보기에 도형이나 조각 같았다고도 한다. 항상 법도에 맞게 행동하여 눈으로는 음란한 것을 보지 않았고, 귀로는 허튼 소리를 듣지 않았다. 굳건하고 공경스러운 마음을 항상 가슴에 품고 태만한 모습을 밖으로 드러내지 않았다. 또한 위엄을 갖춘 언행으로 스스로 법도가 있었으니 아무리 졸지에 놀라는 일을 당하더라도 평상시의 법도를 잃지 않았다.

　책상을 털고 책을 펴면 마음과 눈이 집중하여 고요하게 읽고 깊이 사색하면서 입으로 소리를 내지 않았으니 거처하는 방안에 마치 사람이 없는 듯하였다. 집에 있을 때는 대문 밖으로 나가지 않아 비록 옆집에 사는 사람도 그 얼굴을 보기가 힘들었다. 일찍이 말하기를 "배우는 사람은 잠이 많아서는 안 된다. 사색공부는 밤에 더욱 정밀해진다."고 하였다. 또 종종 사발에

물을 가득 담아 두 손으로 받들어 밤을 지새우기도 하였으니, 뜻을 굳건히 하기 위한 일이었다.

부모님 곁에 있을 때는 항상 부드러운 용모로 잘 봉양하여 마음을 기쁘게 해드렸고, 옷은 따뜻하게 음식은 맛있게 하여 갖추지 않음이 없었다. 동생 환과는 우애가 매우 도타워 한 담장 안에 살면서 출입함에 문을 따로 사용하지 않았다. 재산을 분배할 때에 조상의 제사를 받드는 입장이었음에도 한 푼도 더 가지지 않았고, 김해에 살 때에 서울의 집을 자형에게 넘기고 받은 돈도 모두 아우에게 주었다.

엄숙한 모습으로 집안을 단속하여 집 안에서조차 노비들이나 가까이 모시는 사람들도 머리를 단정히 하지 않고는 감히 나서지 못하였는데 비록 부인이라도 역시 그러했다.

말씀하시면 우레가 치고 바람이 일어 사람으로 하여금 이익과 욕심이 사라지게 하였으나 스스로 알지 못했다. 비유에 뛰어나고 사물을 끌어다 나열해도 분별함이 비범하여 영특함이 크게 드러났다. 말씀에 간간이 해학과 풍자를 섞었다. 산해정에 있을 때 임억령이 찾아와서 말을 나눌 때, 임억령이 "오는 길이 매우 험난하였습니다."라고 하니, 웃으며 대답하기를 "그대들이 밟고 있는 삶의 길이 이보다 훨씬 험할 것이다."라고 하였다. 또 산천재에 있을 때 어떤 선비가 두류산 청학동을 여행하고 돌아가는 길에 들러 청학동에서 학을 본 이야기를 하였는데, 선생이 말하기를 "그것은 학이 아니고 바로 황새입니다."하고 그를 희롱하여 말하기를 "그대의 이번 행차는 한갓 헛수고입니다. 학을 찾아갔다가 황새를 보고, 은자를 방문하다가 나를 보았으니 어찌 소득이 있겠습니까?" 하였다.

거처하는 곳에 화초를 심지 않았다. 오직 소나무와 대나무 홰나무만 심었다. 사람들이 좋아하는 것들을 모두 단절하여 초개같이 여겼다. 호기가 절륜하고 의론이 늠연하여 사림의 표본이 되니 천박하고 무지한 사람도 남명선생을 알았고, 학자나 대부들도 선생을 아는 사람이나 모르는 사람이나 모두 선생을 말할 때는 추상열일이라 하였다. 선생은 천한 사람이나 무지렁이라도 반드시 화평한 안색과 따뜻한 말로 대하여 그 정을 다하게 했다. 착한 일을 하면 반드시 앞에서 칭찬하였고 허물이 있으면 곧 서로 아는 사람처럼 인도하였다. 다른 사람의 착함을 들으면 자기 일처럼 기뻐하였고, 악함을 들으면 어쩌다 한 번 만나도 원수처럼 피하였다. 다른 사람이 상을 당했다는 소식을 들으면 자기 일처럼 애통해하여 불이나 물에서 구하듯이 도왔다.

선생은 음식의 세밀한 일에 대해서는 반드시 반듯함으로써 하고 맛을 구하지 않았다. 임천 배학을 방문했을 때 그 집에서 고기를 썰어 꽃과 나무 모양으로 해서 술안주로 내었는데, 선생이 가리키면서 "썬 고기는 다만 마땅히 반듯해야지 기교로 모양을 내는 것은 마땅하지 않다."고 하였다.

삼족당 김대유가 부유했는데 죽음에 임하여 남명이 가난한 것을 염려하여 그 자식에게 해마다 약간의 곡식을 가져다주라고 유언하였다. 선생은 곡식을 받지 않고 시를 지어 돌려보냈다.

남명은 평소 처세와 언행에 대해서 별로 인정하는 사람이 없었지만 오직 대곡 성운에 대해서는 그러한 점을 극히 존경하였다. 그러면서 그렇지 못한 자신의 성격을 편지에 표현하기를 "저의 강계지성薑桂之性(생강과 육계처럼 매운 성격)은 늘그막에 이르러도 오히려 매워지기만 합니다. 밖에서 들려오는 말이 아무리 많더라도 매양 차가운 웃음으로 흘려버립니다. 목을 잘리게 되더라도 전혀 애석해 하지 않을 것인데, 하물며 목을 잘리지 않는 데 있어서이겠습니까?"라고 하였다. 반듯하고 깨끗하며 늙어 갈수록 더욱 엄격한 추상같은 기상으로 목이 잘리더라도 굽히지 않고 남명이 힘 쓴 것이 과연 무엇인가? 그것은 곧 선과 악, 정正과 사邪를 엄격히 구분하여 인간 행위의 옳음(是)과 그릇됨(非)을 밝히는 것이었다. 남명은 철저하게 선을 추구하고 악을 미워한 사람이었다.

이를 종합해 보면, 남명의 성격은 곧고(直) 반듯하고(方) 바르며(正) 깨끗하되(淸) 다소 오만하였으며(敖) 평소 말에서는 풍자를 많이 섞었고 이욕을 멀리하며 비분강개하여 선악을 엄격히 구분하여 악한 자를 철저하게 싫어하였다고 할 수 있다. 이러한 성격은 그가 의를 보면 과감하게 행동하고 불의를 보면 참지 못하는 행동으로 표출되었던 것이며, 그가 정립한 '외단자의外斷者義'의 기초가 된 것이라고 하겠다. 그러나 한편으로, 그는 자신의 과격한 성격의 폐단을 잘 알고 있었던 인물로 보이는데, 임종 직전에 그가 "나는 학자가 아니다. 평생에 협기가 많았으나 다만 공부의 힘으로 해결했을 따름이라."고 한 말은 '의'의 기준을 밝혀주는 '내명자경內明者敬'의 수양공부가 얼마나 중요한지를 나타내고 있다.

공부하는 자세

선생은 스스로 말하기를 "나는 타고난 기운이 매우 얕은데 오직 사물을 업신여기는 것으로 고상하다고 생각하였다. 사람에게만 오만한 것이 아니고 세상에 대해서도 또한 오만하여 부귀나 재물을 보면 풀이나 진흙처럼 멸시하였다."고 하였다.

약관이 되기도 전에 기개가 뛰어나 공명과 문장으로 한 시대를 누르고 역사를 앞지르고자 하는 뜻이 있었다.

남들이 보고 듣지 않는 곳에서도 경계하고 근신하며 은미하고 그윽한 곳에서도 성찰하여, 앎이 이미 쌓였으나 더욱 정밀함을 구하고 행함에 이미 힘을 다하였으나 더욱 힘을 다하고자 하였으니, 이로써 몸에 돌이켜 체험하고 실지를 밝는 것으로 임무를 삼았다.

선생은 음양 지리 의약 도가의 학문을 섭렵하지 않음이 없었고, 궁마 항진 관방 진술 등의 분야에도 궁구하지 않음이 없었다.

선생이 글을 지음에 처음에는 법도에 맞지 않은 듯하지만 바람이 몰아치고 우레가 번뜩이듯 하여 한 글자도 고칠 곳이 없었다. 기이한 표현과 깊은 뜻은 비록 학문이 익숙한 선비라도 더러 투철하게 알지 못하였다.

선생은 항상 「시황계詩荒戒」를 가지고 다니면서 시인은 뜻이 허황한 데에 이르러 크게 배우는 사람의 병폐가 된다고 여긴 까닭에 시 짓기를 좋아하지 않았다. 청송 성수침이 종종 남명에게 시를 보내면서 답시를 보내줄 것을 요청하였는데, 남명은 "항상 시를 읊조리는 것은 완물상지의 일일 뿐만 아니라 저에게는 매번 무한한 교만의 죄를 더하는 것이라고 여겨 시 짓기를 그만둔 지가 수십 년이 다 되어 갑니다."라고 답을 하였다.

만년에 남명은 스스로 말하기를 "나는 고문을 배웠으나 능히 이루지 못했는데, 퇴계의 문장은 본래 오늘날의 문장이지만 성취하였다. 비유하자면, 나는 비단을 짜다가 한 필을 이루지 못하여 세상에 쓰이기 어려우나 퇴계는 베를 짜서 한 필을 이루어 가히 쓸 수 있는 것과 같다."라고 하였다.

선생은 일찍이 배우는 자들에게 말하기를 "공부를 하는 처음은 부모를 섬기고 형을 공경하며 어른에게 공손하며 어린사람을 자애롭게 대하는 사이를 벗어나지 않는 것이라, 만약 혹시 여기에 힘쓰지 않고 갑자기 성리의 오묘함을 궁구하려고 하면 이것은 사람의 일에서 하늘의 이치를 구하는 것이 아니어서 마침내 마음에서 진실로 얻는 것이 없으니 마땅히 깊이 경계해야 한다."고 하였다.

선생이 말하기를 "주렴계와 정명도 정이천 이후로는 저술과 풀이한 것의 단계와 방법이 밝기가 해와 별 같아서 새로 배우는 어린 학생들도 책만 열면 훤히 볼 수 있다. 그 얻는 것의 깊고 옅음은 단지 그것을 구하는 것이 정성스러운지 정성스럽지 못한가에 있을 뿐이다."라고 하였다.

선생이 말하기를 "배우는 자는 진실로 능히 몸과 마음을 수렴하는 것이 오래되고도 잃지 않으면 모든 사악함이 스스로 소멸하고 온갖 이치에 스스로 통한다."고 하였다.

선생은 『논어』『맹자』『대학』『중용』『근사록』『성리대전』『심경』 등을 통하여 근본을 배양하는 것이 중요하다고 하였고, 흔히 사람들이 『주역』을 어렵다고 하지만 그것은 사서를 정밀하게 익히지 않아서라고 하였다.

선생이 말하기를 "큰 시장에 가서 금은보석을 감상하고 놀면서 하루 종일 아래위로 오가면서 그 값을 물어보아도 마침내 한 가지라도 자기의 것으로 하지 못한다면 도리어 한 필의 베를 짜서 팔아 한 마리의 생선을 사오는 것보다 못하다. 지금의 학자들은 성리를 고상하게 담론하지만 자신이 얻는 것이 없으니 이것과 어찌 다르겠는가?"라고 하였다.

선생이 일찍이 제자 오건에게 편지를 보내어 "지금의 세상은 학문으로 혹세무민하고 있어 비록 큰 현인이 나오더라도 구하기 어려운 습속을 만들었다. 이는 실로 유학의 큰 스승된 사람이 오직 상달의 학문에만 전념하고 하학의 공부는 궁구하지 않아 구하기 어려운 풍습을 만들었다."고 하였다.

선생이 제자 오건에게 편지를 보내어 말하기를 "성과 천도에 대해서는 공자께서도 거의 말씀하시지 않았는데, 윤화정이 이것을 말하지 정이천이 가벼이 말할 것이 아니라고 그치게 했다. 그대는 지금의 일들을 살피지 못하는가? 몸으로는 물을 뿌린 뒤에 비질을 하고, 어른이 부르시면 대답부터 하고 얼굴을 보여야 하는 순서도 모르면서 입으로 하늘 위의 이치를 이야기한다. 그의 행실을 자세히 살펴보면, 오히려 무식한 사람보다 못하니 이것은 반드시 다른 사람의 꾸지람이 있어야만 한다."고 하였다.

10장

남명의 거처와
사물에 붙인 교훈(銘)

살고 있는 집에 붙인 교훈

남명은 서울 생활을 청산하고 난 후부터 김해에서 약 18년간 생활하였고, 다시 고향 합천의 삼가에서 약 13년을 살았으며, 마지막으로 지리산 덕산동에서 약 12년간을 살았다. 거처하는 곳마다 이름을 붙이고, 애용하는 사물에도 교훈(명銘)을 새겨 항상 스스로를 경계하는 도구로 삼았다.

김해로 간 이유에 대해서 『편년』 30세 조에서 다음과 같이 기록하고 있다.

선생의 처가가 신어산 아래 탄동炭洞 −지금은 주부동主簿洞이라 하는데 아마도 선생으로 인해 붙여진 이름인 듯하다−에 있었다. 지역이 바다와 가까워 봉양하기에 편리하므로 선생이 어머니를 뫼시고 와서 우거하였다. 작은 언덕 하나에 터를 잡았는데, 거리가 가깝고 주위가 아늑하여 별도로 정사精舍를 지어 산해정이라 이름하고 방의 이름을 계명繼明이라 하였다.

30세에 처가가 있는 김해로 옮겨 어머니를 봉양하였다고 하면서, '지역이 바다와 가까워 봉양하기에 편리하므로'라고 했는데, 실제로는 처가의 살림이 부유하였기 때문이었다. 처가는 탄동에 있었는데 그 이름이 후에 주부동으로 바뀌었다고 하면서 남명으로 인한 것으로 보고 있다. 이는 남명이 48세 때에 전생서典牲暑 주부主簿에 제수되었기 때문으로 추정하는 것이다. 또한 산해정은 처가와 가까운 거리의 언덕에 별도로 건립한 사실도 알수 있다.

산해정의 이름에 대해 무민당 박인은 '산을 베고 바다에 임했다(枕山臨水)'로 보았고, 만성 박치복은 '나지막한 언덕으로 인해 태산의 높음을 생각하고, 작은 강물을 근거로 하늘에까지 이르는 큰물을 미루어 생각하는' 뜻으로 보았으며, 면우 곽종석은 '태산에 올라 바다를 바라본다.'는 뜻으로 보았다. 그러나 남명 자신은 그 어떤 설명도 남기지 않았다. 다만, 산해정은 신어산 자락에 있으면서 앞쪽으로 바다를 바라보고 있었던 것만은 사실이다. 오늘날은 일제 강점기부터 매립으로 인하여 바다가 보이지 않지만, 옛날에는 산해정에서 바라보면 앞에 '삼차강三叉江'이라고 하여 세 방향에서 흐르는 강이 하나로 만나는 지점이 있었고 그것이 조금 더 흘러 바다에 이르렀던 것이었다.

남명은 여기에 정착하면서 자신의 호를 '남명'으로 했으니, 그 뜻은 벼슬에의 뜻을 완전히 접겠다는 의미로 읽을 수 있다. 앞에서도 말했듯이 벗 대곡 성운이 지어준 시에서 그 상황을 충분히 알 수 있기 때문이다. 더구나 남명이란 말의 출처가 또한『장자』의「소요유」에 나오는 것으로 먼 남쪽의 '하늘에 있는 연못(天池)'이기 때문이다. 남명은 여기서 오직 스스로를 위한 학문 즉 위기지학爲己之學에 전념하고자 한 것이다.

그가 거처하는 방의 이름을 '계명실繼明室'로 한 것은『주역』의 리괘離卦에서 '象象에 말하기를, 밝음이 두 번 함에 리괘를 만드니 대인이 이로써 밝음을 이어서(繼明) 사방을 비추느니라.'라고 한 것에서 따온 것이다. 해와 달의 밝음이 천하를 변화시키고 이루어내는 의미를 가지고 있지만, 경문經文에서 말하고 있는 '암소를 기르면 길하리라(畜牝牛 吉)'는 말이 뜻하는 바가 깊다고 하겠다. 남명은 여기서 두 가지의 깊은 뜻을 취한 것이 아닐까! 하나는 자신의 학문을 완성하여 대인의 경지에 이르고자 함이요, 다른 하나는 어머니를 봉양하기 위해 처가에 오게 된 심정을 담은 것으로 볼 수 있기 때문이다.

45세에 모친상을 당하고 3년상을 지내면서부터 남명은 고향으로 돌아왔다. 여묘살이를 마치고 김해로 돌아가지 않고 토동의 아우 집에서 함께 기거하였다. 이에 김해의 부인이 집과 학교를 지어주니, 집의 이름은 계부당으로 하고 학교의 이름은 뇌룡정으로 하였다. 계부당鷄伏堂이란 '닭이 알을 품듯이'란 뜻으로 공부를 할 때엔 그렇게 간절한 마음으로 하라는 의미를 담았다. 서산대사 휴정은 남명보다 19년 뒤에 태어나 조선중기 불교를 중흥시킨 인물이다. 휴정은 전국을 유람하면서 남명을 찾아와 만난 일이 있고, 남명에게 보낸 편지도 그의 문집에 남아 있다. 뿐만 아니라, 그의 제자 사명대사도 남명을 찾아와 만난 일이 있고 주고받은 시도 남아 있다. 당대의 학승들은 남명과 교유한 경우가 많았다. 서산대사가 지은『삼가귀감』이라는 책에 '간절한 마음으로 공부하라, 닭이 알을 품듯이...(절심주공부切心做工夫 여계포란如雞抱卵)...'란 구절이 있는 것처럼, 옛 사람들은 닭이 알을 품을 때 거의 먹지도 않고 정성을 다하는 것과 같이 해야 한다는 마음을 가지고 있었던 것이다. 서산대사는 이 무렵 혹시 남명을 방문하고서 마음에 느낀 바가 있지 않았을까!

뇌룡정은 이미 언급한 것처럼『장자』「재유편」에서 따온 말이다. '시동처럼 가만히 있다가 용처럼 나타나고, 연못처럼 고요하다가 우레처럼 소리친다(尸居而龍見 淵黙而雷聲)'라는 구절에서 우레와 용을 취하여 이름으로 하였다. 내면적 함양을 통하여 자아의 성숙이 된 후에 세상을 향하여 올 곧은 소리를 지르는 것이다. 그래서 남명은 뇌룡정에서 「을묘사직소」를 올려 세상을 놀라게 했다.

환갑의 나이에 지리산 자락 덕산으로 들어와서는 뇌룡사와 산천재를 지었다. 삼가에 지었던 학교의 이름이 뇌룡정이었는데 덕산으로 와서는 살림집의 이름으로 한 것이다. 여기에 화공으로 하여금 뇌룡의 모습을 벽에 크게 그려두었다. 현재 남명기념관의 사무실 위치에 있었던 집이고, 남명이 세상을 떠난 뒤에는 창녕조씨 문정공파의 종택이 되었다. 임진왜란으로 불에 타버린 것을 다시 지었으나 1970년 무렵 종손이 끊어지면서 그 집은 폐허가 되었고 오늘날 그 자리는 남명기념관이 있는 것이다.

산천재는『주역』의 '대축괘'에서 따온 이름이다. 그 괘의 뜻은 '대축大畜은 곧으면 이로우니라. 집에서 먹지 않으면 길하니 큰물을 건넘이 이로우니라.'이며, 단彖에 이르기를 '대축은 강건하고 독실하며 휘광하야 날로 그 덕이 새로우니, 강한 것이 위에 있어 어진이를 숭상하고 강건함을 그치게 할 수 있음이 크게 바른 것이다. 집에서 먹지 않음이 길함은 어진이를 기르는 것이요, 큰 내를 건넘이 이로움은 하늘에 응함이라'고 하였으며, 상象에 이르기를 '하늘이 산 속에 있음이 대축이니 군자가 옛말과 지나간 행동을 많이 알아서 그 덕을 쌓음이라'고 되어 있다.

산천재는 이와 같이 남명이 만년에 제자를 기르기 위해서 지은 건물이었다. 날마다 그 덕을 새롭게 하면서 산 속에 하늘을 가두듯이 제자를 길러 훗날 국가를 위해 봉사할 수 있도록 하겠다는 뜻을 담았다.

사용하는 물건에 붙인 교훈

남명은 평소 자주 사용하는 물건들에 교훈을 담거나 스스로 경계해야 할 내용들을 명銘으로 만들어 반성하는 도구로 삼았다.

「좌우명座右銘」은 다음과 같다.

庸信庸謹　언행을 신의 있게 하고 삼가며,
閑邪存誠　사악함을 막고 정성을 보존하라.
岳立淵沖　산처럼 우뚝하고 못처럼 깊으면,
燁燁春榮　움돋는 봄날처럼 빛나고 빛나리라!

평소 차고 다니던 칼에 새긴 「패검명佩劍銘」은 다음과 같다.

內明者敬　안으로 마음을 밝히는 것은 경이요,
外斷者義　밖으로 행동을 결단하는 것은 의다.

허리에 매고 다니는 혁대에 새긴 「혁대명革帶銘」은 다음과 같다.

舌者泄　혀는 새는 것이요,
革者結　가죽은 묶는 것이니,
縛生龍　살아 있는 용을 묶어서,
藏漠沖　깊은 곳에 감추어두라!

남명은 평소 말을 조심해야 한다는 뜻으로 「신언명愼言銘」을 지었다.

澤無水困　연못에 물에 없으면 곤란하니,
魚龍背背　물고기와 용이 등을 드러내게 된다.
雲堤萬仞　구름 낀 둑이 만 장이나 되어도
由蟻穴潰　개미집으로 무너진다.
尸龍　시동처럼 있다가 용처럼 드러나고,
淵雷　연못처럼 고요하다가 우레처럼 소리친다.
修辭立誠　언어의 표현을 다듬어 정성을 세우고,
守口如甁　병마개를 닫듯이 입을 닫아라!

在庸在忽	게으르고 소홀한 데 문제 있으니,
主忠信成	충성과 믿음으로 이루어라.

같은 의미로 중국 주나라 후직의 사당 오른쪽 계단 앞에 세웠다는 쇠로 만든 사람을 빗대어 「금인명金人銘」을 지었다.

剛而重	굳세고도 장중하니,
德莫戡	그 덕을 아무도 당하지 못하네.
已無言	이미 말이 없는데,
緘復三	다시 세 번이나 입을 봉했네.
在太廟	태묘에 있으면서,
肅鬼參	제사하는 사람들을 엄숙하게 한다.

남명은 뇌룡정 시절에 그의 사상 핵심을 담은 그림 「신명사도」를 크게 그려 벽에 걸어두었다. 그리고 그 그림의 뜻을 풀어서 「신명사명神明舍銘」을 지었다. 이 「신명사도」와 「신명사명」은 남명사상의 핵심을 담고 있다. 제자 김우옹으로 하여금 신명사도의 뜻을 담은 소설 「천군전天君傳」을 짓게 하여 그 뜻을 풀어내게 하였다. 「신명사명」은 다른 명들의 뜻을 모두 함축하고 있기도 하다.

內明者敬	안으로 자아를 완성하는 것이 경이고,
外斷者義	밖으로 행동을 결단하는 것이 의이다.
〈만물의 생성과 변화를 주재하는〉	
太一眞君	태일진군이
明堂布政	명당에서 정치를 한다.
內家宰主	집 안에서는 총재가 관장하고,
外百揆省	밖에서는 백규가 살핀다.

承樞出納　추밀을 받들어 언어의 출납을 맡아,

忠信修辭　진실 되고 미덥게 언어로 표현한다.

發四字符　네 글자의 부절을 발부하고,

建百勿旂　백 가지 금지의 깃발을 세운다.

九竅之邪　아홉 구멍의 사악함도,

三要始發　세 군데 요처에서 처음으로 나타난다.

動微勇克　낌새가 있자마자 용감하게 이겨내고,

進敎廝殺　나아가 반드시 섬멸토록 한다.

丹墀復命　승리를 임금께 보고하니,

堯舜日月　요순의 세월이로다.

三關閉塞　세 관문을 닫아두니,

淸野無邊　맑은 들판이 끝없이 펼쳐 있다.

還歸一　하나에로 돌아가니,

尸而淵　시동과 같으며 연못과도 같도다.

國無二君　나라에는 두 임금이 없으며,

心無二主　마음에는 두 주인이 없다.

三千惟一　삼천 명이 한 마음이 되면,

億萬則仆　억만의 군사도 쓰러뜨린다.

閑邪存　사악한 마음을 막아 정성을 보존하며,

修辭立　언어의 표현을 다듬어 정성스런 마음을 세우라.

求精一　정밀하고 한결같은 경지를 추구하려거든,

由敬入　경을 통하여 들어가라.

心聲如響　마음의 소리는 메아리와 같고,

其跡如印　그 자취는 인장과 같으니라.

이러한 남명의 명들은 우리나라 역사상 찾아보기 어려운 의미를 함축하고 있는 것으로 그 내용이 매우 심오하다.

11장

벼슬과
공직자의 청렴

남명과 벼슬

조선시대의 사대부로서 과거를 통하여 벼슬에 나가는 일은 당연한 일이다. 남명 또한 처음부터 과거를 보아 벼슬할 뜻을 가지고 있었으며, 그 자신은 쉽게 과거에 합격할 것으로 자부하고 있기도 하였다. 그러나 기묘사화 이후 벼슬길의 기구함을 목격하면서 이러한 생각에 변화가 생기기 시작하였고, 32세 이후 벼슬을 포기하기로 확고히 마음을 굳히게 된다. 그러나 중종 때인 38세부터 그에게는 벼슬이 연이어 제수되었으니, 그 내력을 정리하면 대략 다음과 같다.

38세 : 이언적의 천거로 헌릉참봉에 제수되었으나 나가지 않음
48세 : 전생서 주부에 제수 되었으나 나가지 아니함
49세 : 사도시 주부와 예빈시 주부에 제수 되었으나 나가지 아니함
51세 : 종부시 주부에 제수 되었으나 나가지 아니함
53세 : 퇴계로부터 출사를 권하는 편지를 받았으나 발운산을 구해달라는
　　　　답장으로 사양

55세 : 단성현감에 제수 되었으나 「을묘사직소」를 올리고 나가지 아니함

59세 : 조지서 사지에 제수 되었으나 나가지 아니함

66세 : 5월에 소명이 있었으나 나가지 않음

        8월에 상서원 판관에 제수 되어 10월에 대궐에서 임금을 만나고 바로 돌아옴

67세 : 11월에 두 차례의 소명이 있었으나 나가지 아니함

68세 : 5월에 소명이 있었으나 나가지 않고 「무진봉사」를 올림

69세 : 종친부 전첨에 제수 되었으나 나가지 아니함

70세 : 조정에서 거듭 불렀으나 나가지 아니함

남명은 구체적으로 왜 벼슬에 나아가지 않았는가? 남명에게 있어 '나아감(출)'과 '물러나 있음(처)'은 어떤 차이가 있는 것인가? 이에 대해 면우 곽종석은 「남명선생묘지명」애서 다음과 같이 말하고 있다.

[남명 선생께서] 항상 말하기를, "처신의 처음에는 마땅히 금과 옥이 작은 먼지의 더러움도 용납하지 않는 것 같이 하고 동정을 산악같이 하여 만 길의 절벽처럼 우뚝 섰다가, 때가 되어 펼칠 적에는 바야흐로 허다한 사업을 이루어야 한다."고 하였으니, 이것이 그 종신토록 불우하였으나 밭두렁에서 요순을 즐기고 그윽하고 홀로 있는 가운데서 가난을 즐기며 출처의 사이에 잣대가 정확하여 털끝만큼도 구차하지 않았던 것이다.

이 말은 깨끗하게 스스로를 닦아 준비하는 것이 '물러나 있음'이요, 때가 되어 배운 바를 펼쳐 허다한 일을 하는 것이 '나아감'이라고 보았다.

그런데, 남명은 왜 평생 나아가지 않는가? 남명이 나아가지 않은 이유에 대해 역시 곽종석은 다음과 같이 분석했다.

대개 기묘년 이래로 현로가 기구하여 참소가 성행하고 을사년 이후 외척이

권력을 천단하여 정사가 무너지고 착한 이들이 도륙되었으니, 선생과 평소 교분이 두텁던 청명직절한 이들이 반이 넘게 참화를 당하였다. 선생은 이에 확고히 꺾을 수 없는 뜻을 지녔던 것이다.

사화로 인한 현자들의 억울한 죽음과 이러한 상황을 초래한 암울한 정치적 원인을 그 첫째 이유로 들고 있다. 당시 조정에서 어진사람들을 벼슬에 부른 것을 두고 율곡 이이도 '허명으로 명분을 위한 것'이었다고 비판하였으며, 선조가 즉위하고 남명을 부르자, 남명은 「정묘사직승정원장」에서 '산야에 버려진 사람을 찾아 어진이를 구한다는 아름다운 이름만을 일삼으려 하는데, 아름다운 이름은 알맹이를 구하기에 부족합니다. 이는 마치 그림의 떡으로 굶주림을 구제하지 못하는 것과 같으니, 구급하는 데에는 전혀 보탬이 안 됩니다.'라고 하여, 명실이 상부하지 못하는 부름을 사양하였던 것이다.

남명은 죽기 직전에 "내 평생에 한 가지 장점이 있으니 죽을지라도 구차하게 따르지 않는 점이다."라고 스스로 말한 것처럼, 출처에 확고한 입장을 지녔다. 남명이 죽고 난 다음 그의 출처에 대해 『실록』에서는 '지식이 고명하고 진퇴의 도리에 밝아 세도가 쇠퇴하여 현자의 행로가 기구해지자 도를 만회해 보려는 뜻을 두었으나 끝내 때를 못 만났음을 알고 산야로 돌아갈 생각을 품었다.'고 기록하였다.

스승의 출처에 대해 퇴계가 비판적인 평을 한 것에 대해 제자 정인홍은 다음과 같이 변호하였다.

『주역』 '고괘' 상9의 전에서 말한 선비의 고상함은 한 가지 길만 있는 것이 아니다. 도덕을 품고서도 때를 만나지 못하여 고결히 자기를 지킨 이도 있고, 자족의 도를 알아 물러나서 스스로를 보전한 이도 있으며, 능력과 분수를 헤아려 알아주기를 구하지 아니한 이도 있고, 청렴과 절개로 자기를 지켜 천하의 일을 탐탁하게 여기지 않으면서 홀로 그 일신을 깨끗이 지닌 이도 있으니, 혹자는 선생이 이 몇 가지 중에 해당된다고 여겼다.

용주 조경도 남명의 「신도비명」에서 '아! 선생의 도는 주역 고괘 상구에 있으니 오직 도덕을 지니고서도 때를 만나지 못해 고결히 스스로를 지킨 것이 그것이다.'라고 하였다.『주역』「고괘」상구가 왜 남명의 출처를 대변하는가? 상구의 경문은 '왕후를 섬기지 아니하고 그 하는 일을 고상하게 한다.'고 하였고, 그 상사에는 '왕후를 섬기지 않는다는 것은 그 뜻이 모범이 될 만한 것이기 때문이다.'라고 되어 있다. 이는 결국 남명이 '처하여 지킨 바가 있음'을 밝히는 것이라 하겠다.

남명은 사화로 얼룩진 시기에 자신이 벼슬과는 어울리지 않음을 알고 다음과 같은 시를 남겼다.

人之愛正士　　사람들이 바른 선비 좋아하는 건,
好虎皮相似　　호랑이 가죽 좋아함과 비슷해.
生則欲殺之　　살아있으면 죽이려 하다가,
死後方稱美　　죽은 다음엔 아름답다 칭송하네.

남명이 벼슬에 나갔다면 탐관오리들이 목숨을 부지하기 어려웠을 것이다. 호랑이 가죽은 누구나 좋아하는 것이지만 그것을 가지기 위해서는 호랑이를 잡아야 한다. 그러나 호랑이가 무서운 사람들은 호랑이와 싸우지 못하고 결국 죽은 뒤 호랑이의 가죽을 취하여 아름답다고 칭송하며 자신의 권위로 삼는다. 남명은 끝내 벼슬에 나가지 않았기에 죽은 다음 절개를 온전히 지킨 처사로 더욱 존경을 받게 된 것이다.

남명이 역사에 맑은 이름을 남기는 것에서 자신의 도를 찾았음은 「제목 없이」지은 시에서도 드러난다.

服藥求長年	약을 먹어 장생을 바래도,
不如孤竹子	고죽군의 아들만 못해!
一食西山薇	수양산 고사리 캐 먹으니,
萬古猶不死	만고에 오히려 죽지 않네.

은나라가 망하자 수양산에서 굶어죽은 백이와 숙제를 기리는 시다. 진시황이 불사약을 구하려다가 60도 넘기지 못하고 죽은 것과 백이와 숙제가 주나라의 곡식을 먹지 않고 수양산에서 고사리를 캐 먹으며 살다가 굶어죽은 것을 대비시키고 있다. 그렇게 죽었지만 오히려 그 청고한 이름은 만고에 죽지 않고 살아있다고 한다.

남명이 본 공직자의 청렴

남명은 다른 사람을 거의 칭찬하지 않았다. 특히 벼슬에 있는 공직자는 그의 절친한 친구이지만 그 역할을 다하지 못하고 있다고 현직 영의정인 이준경을 비판한 것이 대표적인 경우이다. 이준경이 한창 벼슬길에서 승승장구 할 때 보낸 편지에서 '저 또한 공께서는 소나무처럼 위로 우뚝하게 치솟아, 사람들이 등나무 넝쿨처럼 아래서 타고 올라오지 못하게 하시기를 부탁드립니다.'라고 하여 처신을 맑게 할 것을 말하고 있다. 동고 이준경은 나중에 벼슬이 영의정에까지 오른 인물이다. 남명이 정묘년에 올린 상소에서 '몸이 정승의 자리를 차지하고 있는 자도 좌우로 돌아보면서 구원하지 않는다.'고 하여 오랜 벗이 자신의 직무를 다하지 못하고 있음을 직설적으로 비판했다. 그보다 앞서 이준경의 벼슬이 높아지면서 남명이 소원하게 대하자, 이에 대해 이준경이 불만스러운 말을 했던 것 같다. 이를 전해들은 남명은 또 다른 벗인 송계 신계성에게 편지를 보내 '친한 친구도 벼슬이 높아지면 편지하고 싶지 않은 법이라고 전해 주십시오.'라고 하였다. 이준경과 신계성은 재종간으로서 가까운 친척이었으므로 아마도 신계성을 통해서 자신의 속마음을 전했던 것 같다.

남명은 평생 역사 속의 인물 두 사람을 모델로 삼았다. 시대와 자신을 알아주는 임금을 만나지 못하여 유신의 들에서 농사짓고 살다가 탕 임금의 초빙을 받아 새로 건국한 상(은)나라를 단기간에 반석 위에 올려놓은 이윤이 하나였고, 공자의 수제자로 벼슬에 나가지 않고 시장통에 살면서도 즐거움을 잃지 않고 지내다가 30대 초반의 나이에 굶어 죽다시피한 안연이 다른 한 사람이다. 남명은 시대와 자신을 알아주는 임금을 만나지 못했기에 안연과 같은 삶을 살고자 했다. 남명은 「누항기」에서 안연의 덕을 다음과 같이 칭송하였다.

> 천자는 천하로써 자신의 영토를 삼는 사람이지만 안자는 만고로써 자신의 영토를 삼는 사람이므로 누항이 그의 봉토는 아니었던 것이며, 천자는 만승으로써 자신의 지위로 삼는 사람이지만 안자는 도덕으로써 자신의 지위를 삼는 사람이므로 곡굉이 그의 지위는 아니었던 것이다

누항에서 거처하면서도 즐거움을 바꾸지 않았던 안연의 덕을 칭송하기를 '역사를 자신의 영토로 삼고, 도덕으로 자신의 지위를 삼은 사람'이라고 하여 천자의 영토와 지위보다도 고상하다고 한 것이다.

남명이 본 올곧은 공직자는 과연 어떤 사람이었는가? 바로 이증영이 그런 사람이었다. 남명은 청렴한 공직자를 칭송하는 단 한 편의 특별한 글을 남기고 있으니, 바로 「이합천유애비문」이다. 합천군수를 지내고 이임하는 이증영을 위하여 남명이 이 글을 지은 것이다.

> 사람이 오십 세가 되어서도 부모를 그리워하여, 큰 길거리에서도 늘 이야기하고 비석을 세우고 한다. 우리 부모라는 사람은 누구인가? 학사 이증영

이 그 사람이다. 우리 갓난아이란 누구인가? 합천군의 백성이다. 부모 된 사람은 무엇인가? 합천의 군수이다. 그가 부임해 왔을 때에는 자신만만하여 우리 백성 보기를 아픈 상처 보듯 하더니. 그가 떠나갈 때에는 황급히 비석에 그의 공적을 기재하지도 않고 떠났다. 우리에게 밭이 있으면 농사짓게 해주고, 우리에게 뽕이나 삼이 있으면 공이 옷을 만들어 입게 해주었다. <u>나라에서 중요한 징용이 있으면 관아에서 스스로 대응하고, 백성들에게 굶주리는 기색이 있으면 자기 음식을 밀어 고기를 먹여 주었다.</u> 향약을 일으킨 것은 윤리를 돈독하게 하려는 것이었고, 주포를 불린 것은 백성들의 노역을 덜어 주려는 것이었다. 의지할 데 없는 백성들이 외로운 송아지가 젖을 들이받는 것처럼 덤벼도 노하지 않고 타일렀으며, <u>권문세가에서 뇌물을 요구할 때는 매번 빈 봉투를 보냈다.</u>

남명이 이렇게 선정을 칭송한 사람이면 사실일 것이다. 1559년에 비석으로 세운 이 비문은 지금도 합천의 황강 가 함벽루로 들어가는 길옆에 서 있다. 백성을 위한 그의 공적을 잘 묘사하고 있지만 무엇보다도 '권문세가에서 뇌물을 요구할 때는 매번 빈 봉투를 보냈다'고 하는 구절은 가히 압권이다.

남명은 이런 경우를 중국의 역사에서 찾아 언급한 것이 있다. 바로 사마광과 유서의 관계가 그것이다. 남명은 절친한 벗 김대유가 죽으면서 유언으로 자식들에게 해마다 남명에게 곡식을 주라고 하여, 그 자식이 곡식을 보내오자 다음과 같은 시를 지어주며 곡식을 돌려보냈던 것이다.

於光亦不受　사마광한테서도 받지 않았으니,
此人劉道源　이 사람이 바로 유도원이라!
所以胡康侯　그런 까닭에 호강후는,
至死貧不言　죽을 때까지 가난 말하지 않았네.

유도원은 중국 송나라 때의 학자로 이름은 유서劉恕이고 자가 도원이다. 역사에 밝은 젊은 학자로 사마광이 주관한 과거에서 급제하여 스승과 제자의 인연이 있었다. 사마광이 『자치통감』을 편찬하면서 그에게 도움을 많이 받았는데, 그는 집이 가난하여 겨울에도 가죽옷을 입을 수 없었다. 사마광은 낙양에 있고, 유서는 강서성 당주에 부임하여 있다가 겨울에 책 편찬에 대해 논의하기 위해 낙양으로 불렀을 때 여전히 얇은 홑옷을 입고 있었다. 사마광도 청렴하여 집안이 넉넉하지 못해 가죽옷이 두 벌밖에 없었지만, 그 중 한 벌을 주니 사양하다가 마지못해 받아가다가 영주에 이르러 그 옷을 봉하여 돌려보냈다고 한다. 자기를 극진하게 알아주던 스승 사마광이 주는 옷마저 돌려보낸 자존심을 가진 인물이다. 남명은 그런 인물의 고사를 들어 친구가 유언으로 주는 곡식마저 돌려보낸 것이다.

　남명은 「단속사정당매」란 시에서 '조물주가 추위 속 매화 일 정말 그르쳤으니, 어제도 꽃 피우고 오늘도 꽃 피우네(化工正誤寒梅事 昨日開花今日花)'라고 하여 강회백이 고려에서 벼슬하고 또 조선에서 벼슬한 것을 풍자하고 있다. 지조가 없음을 빗댄 것이니, 자신의 뜻은 그와 같지 않음을 표현하였다.

12장

인물에 대한 평

인물평의 기준

예나 지금이나 남의 장단점을 들어 평을 하기는 쉽지만, 그 평이 자기에게로 돌아오는 경우를 생각해 본다면 말에 신중하지 않을 수 없다. 남명은 다른 사람에 비하여 남의 장단점을 노골적으로 표현하고, 당시 정치의 잘못된 점을 직선적으로 비판하여 글로 남긴 사례가 많은 경우에 해당된다. 그는 왜 남의 시비와 장단점에 대해서 많은 평을 했을까? 남명은 제자 중에 남을 평하는 것을 보고 다음과 같이 경계했다.

제자 중에 남의 장단점과 정치의 득실을 논하는 자가 있으니, 선생께서 말하기를 "다른 사람을 논하는 것은 군자가 스스로를 다스리는 급한 임무가 아니고 정치 또한 배우는 자가 즐겨 말할 일이 아니니 제군들은 이런 것은 하지 말라"고 하였다.

그것은 수양이 부족하고 자신에게 흠이 있는 사람이 섣부르게 남의 장단점과 정치의 득실을 논하다가 오히려 화를 당할 것을 우려했기 때문이다.

　남명은 사람의 선악과 시비의 기미를 미리 잘 판단하는 혜안을 가지고 있었다.

　　사람 보는 눈이 환하게 밝아서 사람들이 숨길 수 없었으니, 어떤 젊은 소년
　　이 과거에 올라 명성이 드러났거늘 공이 한 번 보고 사람들에게 말하기를
　　"그 재주를 끼고 스스로 뽐내며 기세를 부려 사람 대하는 것을 보니 뒷날
　　어질고 능한 이를 해치는 일이 반드시 이 사람을 연유할 것이다" 하였으니,
　　그 후 과연 높은 벼슬에 올라 몰래 흉악한 괴수와 결탁하여 법을 농간하고
　　위세를 부려 선비를 섬멸하였다.

　　기록에 보면, 남명은 사람의 언행을 보고 그 사람을 알기도 했고, 사람의
　　관상을 보고서도 인물됨을 잘 판단한 것으로 나타난다. 그러나 대부분 사람
　　을 비판하는 경우가 많았다. 그것은 남명의 타고난 성격에 의한 것이었다.

　　나는 남에 대해서 잘 인정해주지 않는다. 무슨 일이 있어도 살아있는 사람
　　에게 아첨한 적이 없었는데, 지금 편안히 지내면서 어찌 죽은 귀신에게 아
　　첨하려 하겠는가?

　　남명은 산 사람에게 아첨한 적도 없으며, 죽은 사람에 대해서도 그의 행
　　적을 기록해달라는 부탁을 받아도 미화하는 경우가 없었다.

　　황강 이희안은 일찍이 나를 세상 사람에게 아첨하지 않는 사람으로 여겼
　　다. 따라서 무덤 속에 있는 사람에게도 아첨하지 않으리라 생각하여 나에
　　게 묘표墓表를 지어주기를 요구하기에, 삼가 그 가계를 차례대로 적는다.

남명의 이러한 점은 당시에 사람들에게 알려졌던 것이며, 사실 오늘날 그의 문집에 남아 있는 글을 보면 군더더기의 수식어가 없는 특징을 가진 깔끔한 문체를 볼 수 있다.

남명이 무엇보다도 중요하게 여겼던 인물평의 기준은 바로 '출처出處'였다.

> 출처로써 군자의 큰 절개로 삼았으니 고금의 인물을 두루 논할 때에는 반
> 드시 먼저 그 출처를 살핀 연후에 그 행동과 일의 득실을 논했다.

이 말은 남명은 어떤 인물이 훌륭한 업적을 남겼다고 할지라도 결국 그 출처에 잘못된 점이 있다면, 그 사람을 올바른 사람으로 보지 않았다는 것을 뜻한다. 남명의 인물평에서 분명하게 강조되고 있는 점은 바로 출처와 기미를 파악하는 식견에 있음을 볼 수 있었다. 그는 '나아가(출)' 한 일이 있는 경우보다 오히려 '물러나(처)' 지킨 바가 있는 인물들을 높게 평했으며, 그것은 그들이 시사에 대한 식견이 뛰어난 것에서 기인한다고 보았다.

남명은 출처란 '기미'를 파악하는 것, 즉 선견지명으로부터 비롯하는 것으로 보았다. 나가서 일을 이룰 수가 없다면 물러나 그 뜻과 일신을 고상히 지키는 것이 더욱 중요하다. '할 수 없는 시기'에 '할 수 없는 일'을 억지로 하려고 해서는 안 되며, 억지로 하려고 하다가 자기를 상하게 하고 남을 상하게 하는 일은 현명하지 못한 것이다. 이러한 때라면 마땅히 기미를 살피는 선견지명의 식견으로 다가올 일을 미리 살펴서 한 발 일찍 물러나는 것이 바로 출처의 기본이며, 그보다 더욱 중요한 것은 처음부터 기미를 파악한 연후에 출처를 결정하는 것이라고 하겠다.

그렇다면 남명이 출처관의 근본으로 확보한 기幾는 어떤 의미인가? 그는 『학기유편』「성찰」편에서 『주역』「계사전」의 '역에 이르기를, 기미를

아는 것은 그 신인져!'라는 구절을 인용하고 있다. 『주역』의 이 구절 뒤에 다음과 같은 내용이 있다.

군자는 윗사람을 사귀어도 아첨하지 않으며, 아랫사람을 사귀어도 더럽혀 지지 않으니 그 기미를 아는 것이다. 기미라는 것은 움직임의 미세함으로 길한 징조가 먼저 나타나는 것이다. 군자는 기미를 보고 움직이니 종일을 기다리지 않는다.

남명은 『학기유편』에서 성리학에서 말하는 '기' 즉 기미에 대해서 인용 하고 있다.

주자는 "통서에 '기'자를 힘껏 설명했는데, 진실로 사람을 깨우치는 곳이 있다. 가깝게는 공과 사 그리고 사악함과 올바름을, 멀게는 흥폐와 존망을 다만 이곳에서 간파하여 바로 돌리게 된다. 이것이 일용하는 제일 친절한 공부로서, 정세함과 조잡함, 숨음과 나타남을 일시에 꿰뚫게 된다."고 하 였다.

기란 움직임이 작은 것으로 선과 악이 갈라지는 분기점이다. 생각건대 사 람 마음의 은미한 곳에서 움직이면 천리도 당연히 드러나지만, 인욕 또한 그 사이에서 이미 싹튼다. 이는 음양의 상징이다.

즉 '기'란, 첫째로 '움직임의 미세함(動之微)'이라는 의미와, 둘째로 '선 과 악의 분기점'이라는 의미이다. 이때 '움직임의 미세함'이란 사물의 운동 성을 지칭하는 것이 아니라 인간 인식의 시작점을 말하는 것이다. 남명은 계속해서 '천리天理와 인욕人欲의 분간은 기미의 사이에 있다.', '움직이는 것이 바로 기이고, 그 신령한 것이 곧 신이다.' 그리고 '동정의 사이에 한 순 간이라도 선하지 못하면 곧 악이다.'라고 인용하고 있다.

인물에 대한 평

남명은 외손서이자 제자인 김우옹에게 만년에 보낸 편지에서 자신을 다름과 같이 평하였다.

평생의 행동거지는 웃음과 한탄을 자아낼 만하고, 늙어서도 저술한 것이 없으니 이미 도적이나 다름없네. 이제 다시 이 몸은 이름난 도적이 되어 백 방으로 도망을 치려해도 달아날 수 없게 되었으니, 바로 하늘의 이름을 훔쳐 하늘이 도망을 치지 못하게 하는 것이라네.

남명은 다소 지나치다 할 정도로 냉철하게 타인의 착하지 못한 면을 지적하였다. 그는 사람을 사귐에 분명한 기준이 있었다.

벗을 사귐에 반드시 단정하여 그 사람이 벗할 만하면 비록 포의라도 왕공처럼 높여 반드시 예로써 공경했고, 벗하지 못할 사람이면 비록 벼슬이 높고 귀하여도 흙으로 만든 인형같이 여겨 함께 앉기를 부끄러워하였다. 이 때문에 사귐이 넓지 못했지만 그가 더불어 아는 이는 학행과 문예를 지니어 모두 당세의 이름난 선비 중에 선택된 사람들이었다.

그는 「엄광론」에서 역사적 인물을 평했다.

나는 자릉[엄광]을 성인의 도를 추구하는 사람이라고 생각한다.……또 자릉의 언론과 기풍을 상고하건대 뜻이 높아 세상을 깔보고, 영원히 떠나가서 돌아보지도 않는 사람은 아니었다. 특히 이윤 부열과 같은 무리였는데 때를 만나지 못한 것이었다. 아아! 만약 이윤이 성왕과 탕 임금을 만나지 못했다면 마침내 유신의 교외에서 죽었을 것이고, 만약 부열이 은 고종을 만나지 못했다면 마침내 부암 들에서 늙었을 것이니, 반드시 도를 굽혀 가면서 결합하기를 구하지는 않았을 것이다.

　후한 광무제의 어릴 때 친구로, 광무제가 황제가 되어 높은 벼슬로 부르자 다만 벗으로 대해줄 것을 요구하고 황제와 함께 잠을 자면서 광무제의 배위에 자기의 다리를 걸치고 자고서도 벼슬에 나가지 않았던 엄광을 남명은 높이 평가했다. 더불어 이윤과 부열도 자기를 알아주는 임금을 만나지 않았다면 한 평생 시골에 묻혀 살면서도 조금도 후회함이 없었을 것이라고 하여 자신의 뜻을 드러내었다. 그래서 남명은 제갈량에 대해서도 다음과 같은 말을 하였다.

　일찍이 이르기를 "제갈공명은 유비가 삼고하여 나왔으나, 행할 수 없는 시기에 행하려고 하다가 작은 쓰임의 유감을 면하지 못했다. 만약 끝내 유비를 위해 일어나지 아니하고 차라리 융중에서 일생을 마쳐 천하 후세가 제갈량의 사업을 알지 못하더라도 또한 괜찮았을 것이다." 하였으니, 옛사람을 논할 때 기존의 평가에 얽매이지 아니하고 일단의 새로운 뜻을 구함이 왕왕 이와 같았다.

　남명은 단속사에 놀러가서 정당매를 보고서 그 나무를 심은 강회백을 다음과 같은 시로 비판하였다.

寺破僧羸山不古	절 부서지고 중 파리하고 산도 옛날 같지 않은데,
前王自是未堪家	전 왕조의 임금은 집안 단속 잘하지 못했네.
化工正誤寒梅事	조물주가 추위 속에 지조 지키는 매화의 일 정말 그르쳤나니,
昨日開花今日花	어제도 꽃을 피우고 오늘도 꽃을 피웠구나.

　강회백이 고려와 조선 두 조정에서 벼슬한 것은 의리를 지키지 않은 잘못된 일이라고 풍자하고 있는 것이다.

남명은 제자 오건의 출처가 기미를 살피지 못한다고 비판하면서 편지를 보내어 말했다.

주자처럼 어진 분에게도 참수하라는 설이 있음을 면치 못하였는데, 하물며 인심이 지극히 교묘한 우리나라에 있어서이겠습니까? 전 시대 한훤당[김굉필]과 효직[조광조의 자] 같은 분들도 모두 선견지명이 부족했는데, 하물며 나와 그대들 같은 사람이겠습니까? 이런 시국에는 거짓 미친 척하여 자신을 더럽히더라도 화를 면하기 어려울 듯합니다.

중국의 주자나 조선 사림파의 핵심 인물인 김굉필과 조광조 같은 인물들도 선견지명이 부족했음을 지적하면서 오건에게 벼슬길에서 물러나기를 당부하고 있다. 남명은 '탁영 선생은 살아서는 송죽松竹 같은 절개가 있었고, 죽어서는 하늘에 사무치는 원통함이 있었다.'고 하여 탁영 김일손에 대해 그 절개를 칭송하였다.

남명은 일생을 통해 가장 절친한 벗이 대곡 성운이라고 할 수 있다. 그의 인품과 처세에 대해 남명은 항상 탄복하고 부러워하면서 시를 지어 보냈다.

之子五鳳樓手	이 사람 오봉루를 지을 솜씨를 지니고서도,
堯時不直一飯	태평성대에도 밥 한 그릇 얻어먹지 못하네.
明月或藏老蚌	오래 된 방합조개에 명월주가 감추어져 있건만,
山龍烏可騫檀	왕은 어찌 가짜만을 찾아 쓰는지?

성운이 그 뛰어난 역량을 지니고서도 어려운 시대에 자신을 잘 감추어 초야에서 몸을 온전히 보전하고 있음을 부러워하고 있다.

남명은 자신보다 22세나 연상인 삼족당 김대유와 절친한 벗으로 지냈다. 남명은 김대유가 죽은 후 그의 「묘갈문」에서 최고의 찬사를 보내는 글을 남겼다.

내가 남을 보증하는 경우가 대체로 드문데, 유독 천하의 훌륭한 선비로 인정해 주는 사람이 공이다. 어떤 때 보면 단아한 모습으로 경사를 토론하는 큰 선비이고, 또 다른 때 보면 훤칠한 키에 활쏘기와 말달리기에 능숙한 호걸이다. 홀로 서당에 거처하면서 길이 노래를 부르고 느릿느릿 춤을 추기도 하는데, 집안사람들은 아무도 그 의중을 짐작하는 이가 없었으니, 이는 그가 타고난 본성을 즐겨 노래하고 춤추는 때이다. 자연에 몸을 맡겨 낚시하고 사냥할 때에는 당시 사람들이 쫓겨난 사람인 줄 알았는데, 그것은 세상을 피해 숨어사는 것을 근심하지 않고 재주를 감추고 있는 것이다. 그러나 덕을 같이 한 내가 보기로는, 국량이 크고 깊어 부지런히 인을 행하고, 언론이 격앙하여 엄격히 의를 지키는 것이었다. 선을 좋아하였으나 자기 홀로 선을 행하였고, 크게 일을 이루려 하였으나 자기만을 이루었을 뿐이니, 천명인가 시운인가!

남명은 그가 온갖 경륜을 갖추고서 인의를 행한 인물이면서도 혼탁한 시대를 피해 숨어서 산 현인으로 보았던 것이다. 이는 남명이 '삼족당은 경세제민할 수 있는 큰 재주가 있었고, 평생 한 점의 흠도 없었습니다. 다만 그 땅에서 태어나 그 땅에서 죽었기 때문에 사람들이 견문을 통해 감동을 불러일으키는 점에 있어서는 혹 탁영보다 못할 것입니다. 그러나 요즘 사림의 의논으로 기준을 삼는다면 조카가 숙부보다 낫습니다.'라고 한 데서도 확인된다. 김대유는 김일손의 조카이다.

남명은 회재 이언적에 대해서 여러 가지로 비판하였다. 그 중에서도 기미를 보아 물러나는 선견지명이 없다는 점을 크게 지적하였다.

나는 일찍이 복고[이언적의 자]가 성현의 도를 배웠으면서도 알아서 깨달는 지경에 이르는 치지의 소견이 분명치 못함을 안타깝게 여기고 있었다. 당시에는 대윤소윤의 싸움이 곧 일어날듯하여 나라의 형편이 위태롭기 그지없다는 사실을 어리석은 아낙도 알고 있었다. 그런데도 복고는 낮은 관직에 있을 적에 일찍 물러나지 않고 있다가 중망을 입어 그만 둘 수 없는 지경에 이르러 낯선 땅에 유배되어 죽고 말았으니, 이는 명철보신의 식견에는 모자람이 있었던 듯하다.

남명은 또 퇴계에 대해서도 몇 번 비판적인 견해를 드러내었다.

일찍이 말하기를 "근세에 군자로서 자처하는 사람이 또한 적지 아니 하지만 출처가 의에 합당한 이는 전혀 듣지 못했다. 얼마 전 오직 경호[퇴계의 자]가 고인에 거의 가깝다고 하지만 그러나 인간적 욕심이 다했는가를 논할진대 마침내 그 분수를 다하지 못함이 있다"고 하였다.

이 밖에도 일재 이항에 대해서는 그 학문이 순정하지 못함을 지적하였는데, 이와 관련하여 '선비들이 이를 괴이하게 여기자, 선생이 이르기를 "일재는 세습에 물들었는데도 엄연히 현자로 자처하니 내가 수긍할 수 없다."고 하여 이항의 흠을 구체적으로 밝히고 있다. 즉 남명은 일재가 순정하지 못한 학문으로 '세상을 기만하고 명성을 도적질한(欺世盜名)'한 인물이면서 스스로 어진사람으로 자처하는 것이 잘못이라고 하였다. 또 남명이 명종을 만나고 바로 돌아온 것에 대해서 옥계 노진이 편지를 보내 그 이유를 물어보았는데, 이에 답하기를 '공께서 조석으로 조정에 들어가더라도 만약 도를 행할 일이 없이 오래 머물러 물러나지 않는다면 구차히 녹을 구한다는 말을 면하지 못할 것이오.'라고 하여, 나라와 백성을 위해 하는 일 없이 벼슬에 머무는 것은 오직 돈을 벌기 위한 수단이라는 비난을 면하지 못할 것이라고 직접적으로 충고하기도 하였다.

13장

나라와
백성 걱정

일상에 있어서의 남명은 참으로 가슴이 따뜻한 사람이었다. 이러한 측면은 평생의 지기인 대곡 성운이 쓴 「묘갈」에서 다음과 같이 표현하고 있다.

능히 세상을 잊지 못해 나라를 걱정하고 백성을 근심하더니 매양 달 밝은
밤이면 홀로 앉아 슬피 노래하고 노래가 끝나면 눈물을 흘렸으나 곁에 있
는 이들이 그 까닭을 알지 못했다.

'세상을 잊지 않았다'는 첫 구절이 당대의 군주와 정의를 나누는 긴밀한 군신관계를 맺지 않았음에 대한 변명이라면, 세상에 대한 조식의 관심은 백성을 향해 쏠려있던 셈이다.

그는 남의 고통을 자신의 고통 이상으로 가슴아파한 사람이다. 또한 「유두류록」에 보면, 그는 산 속의 중을 위하여 지방의 수령에게 세금을 감면해 줄 것을 청하는 편지를 대신 써 주기도 하며, 「여이합천서」에서는 다른 사람이 상을 당하여 곤궁한 처지에 있음을 보고서 합천군수에게 그를 도와주

도록 권하는 내용을 담고 있기도 하다.

남명이 태어난 시대는 조선이 개국한지 백 년이 조금 지난 때이다. 그 당시 이미 나라의 기운은 쇠퇴해가고 있었으며, 백성들의 삶은 궁핍하기 짝이 없었다.

忍飢獨有忘飢事	굶주림 참는 데는 굶주림 잊는 수밖에,
摠爲生靈無處休	모든 백성들은 쉴 곳도 없구나.
舍主眠來百不救	집 주인은 잠만 자고 전혀 구제하니 않으니,
碧山蒼倒暮溪流	푸른 산은 저무는 시내에 거꾸로 드리워져 있네.

「유감」이란 제목의 시다. 백성들은 굶주리면서도 쉴 수조차 없는데 임금이나 관리들은 어떤 대책도 마련하지 못하고 있음을 한탄하고 있다.

1567년 정묘년에 올린 사직소에서는 다음과 같이 말하고 있다.

제가 엎드려 보건대, 나라 근본은 쪼개지고 무너져서 물이 끓듯 불이 타듯 하고, 여러 신하들은 거칠고 게을러서 시동같고 허수아비 같습니다. 기강이 씻어버린 듯 말끔히 없어졌고, 원기가 온통 나른해졌으며, 예의가 온통 쓸어버린 듯하고, 형정이 온통 어지러워졌습니다. 선비의 습속이 온통 허물어졌고, 공공의 도리가 온통 없어졌고, 사람을 쓰고 버리는 것이 온통 뒤섞였고, 기근이 온통 갈 데까지 갔고, 창고는 온통 고갈되고, 제사를 지내는 것이 온통 더렵혀지고, 세금과 공물은 온통 멋대로 걷고, 변경의 방어가 텅 비었습니다. 뇌물을 주고받음이 극도에 달했고, 남을 헐뜯고 이기려는 풍조가 극도에 달했고, 원통함이 극도에 달했고, 사치도 극도에 달했고, 공헌이 통하지 않고, 이적이 업신여겨 쳐들어오니, 온갖 병통이 급하게 되어 하늘 뜻과 사람의 일도 또한 예측할 길이 없습니다.

관료의 무사안일과 부패와 뇌물의 풍조로 인하여 국가의 어느 것 하나도 정상적인 상태가 없다는 말을 하고 있다.

그러면서도 선생은 항상 백성들의 곤궁한 생활을 보면 자기의 몸에 병이 있는 것처럼 아파하였고, 백성들의 삶에 말이 이르면 목이 메어 눈물을 흘렸으며, 벼슬자리에 있는 관리들과 더불어 말을 나눌 때에는 한 푼이라도 백성들의 생활에 이로움이 있을까하여 정성을 다하여 그 실정을 이야기 하였으니, 혹시라도 조금이라도 베풀어지기를 바라서였다.

남명은 국가의 큰일을 맡은 사람이 기미를 알지 못하고 때를 맞추지 못하며 마음을 합하지 못하고서 강하고 날카로움으로 자임하며 이기기를 도모한다면, 이는 처음부터 충성심으로 국가를 위해 일을 하는 것이 아니라 다만 사사로운 뜻을 좇을 뿐이라고 하였다.

그래서 「민암부」에서는 백성의 무서움을 경계하고 있다.

民猶水也　　백성이 물과 같다는 말은,
古有說也　　예로부터 있어왔으니.
民則戴君　　백성은 임금을 받들기도 하지만,
民則覆國　　백성은 나라를 엎어버리기도 한다.

또한 군자가 자기의 근본을 확립하는 것이 중요하다는 사실은 「원천부」에서 말하고 있다.

心以應事　　마음으로 세상만사에 대응하면,
百感搖挑　　온갖 물욕의 감정이 마음을 흔든다.
學以爲本　　학문으로 근본을 삼으면,
感罔能擾　　물욕의 감정이 마음을 흔들지 못한다.

남명은 한 평생 벼슬에 나가지 않았다. 그래서 실질적으로 백성들에게 도움을 줄 수 있는 기회를 가지지 못했다. 대곡 성운은 남명의 「묘갈명」에서 일생을 요약하여 다음과 같이 말했으니 참으로 적절한 표현이라고 하겠다.

天與之德 旣仁且直	하늘이 덕을 내려 어질고도 곧았으니,
斂之在身 自用則足	거두어 몸에 지녀 스스로 쓰기에 넉넉했다.
不施于人 澤靡普及	사람들에게 베풀지 못해 은택 보급 못했으니,
時耶命耶 悼民無綠	시세인가 운명인가 백성들 복 없음 슬플 뿐!

남명은 제자가 묻기를 "선생님께서 조정에 나가시면 큰일을 이룰 수 있었겠습니까?"라고 했을 때, 답하기를 "나는 그럴만한 능력은 없다. 다만 후학들을 가르쳐 그들로 하여금 각자의 역량을 펼칠 수 있도록 하는 일이라면 어느 정도 할 수 있을 뿐이다."라고 하였다. 남명은 스스로 당시의 시대와 자신의 성격이 서로 어울리지 않아 벼슬에 나가지 않았다. 그러나 제자를 길러 다음 세대에 국가와 백성을 위해서 봉사할 수 있도록 하는 것을 자신의 임무로 삼았던 것이다. 두류산을 여행하면서도 남명은 백성들의 생활이 궁핍한데 자신들이 그들의 등 뒤에서 여유롭게 노닐고 있음을 반성하면서 그 여행이 어찌 참된 즐거움이겠는가 하고 감회를 술회하고 있기도 하다.

14장

제자 교육

우리나라 최초의 현대식 교육학 저서라고 할 수 있는 『조선교육사』를 집필한 이만규는 우리 역사에서 가장 성공한 교육자로 남명을 꼽았다. 성공한 교육자로 평가받기 위한 필요충분조건은 무엇보다도 훌륭한 제자를 많이 배출해야만 하는 것이다. 오늘날 확인할 수 있는 남명의 제자는 약 140명 정도이지만, 실제로 당시 남명의 제자로 이름을 올린 사람은 그보다 훨씬 많았을 것이라는 사실은 여러 자료들에서 확인할 수 있다.

남명의 제자는 '강우48가'라는 말과 같이 주로 강우지역 즉 낙동강 오른쪽에 해당되는 오늘날의 경상남도 지역에 절대다수가 분포하고 있지만, 당시에는 전국적 규모였던 것을 알 수 있다. 남명이 세상을 떠나고 50년 이상 지나 인조반정이 일어나 남명학파가 와해되는 시절에 비로소 제자들의 명단인 『산해사우연원록』을 만들기 시작했다. 그 작업을 주도했던 무민당 박인은 그 일의 어려움을 자주 토로하였다. 인조반정 이후 남명학파가 와해되는 상황에서 남명 제자들의 신상에 관한 기록 자료들을 수집하는 것이 얼마나 어려웠는지를 충분히 알 수 있다.

남명 자신은 한 번도 벼슬에 나가지 않았지만, 그가 기른 제자들은 나중에 조정에서 영의정까지 올랐으며, 특히 대사헌 등과 같이 관리들을 감찰하고 기강을 바로잡는 자리를 많이 거쳤다. 무엇보다도 중요한 점은, 남명이 세상을 떠난 지 20년 후에 일어난 임진왜란을 당해서 50명이 넘는 제자들이 의병장으로 궐기하여 목숨을 걸고 나라를 구하는 일에 앞장섰다는 사실이다. 이러한 일은 인류역사상 다른 사례가 없는 특별한 경우이다. 한 스승에게서 배운 제자 집단이 이렇게 많은 숫자의 의병장을 배출했다는 것은 가르침의 효과가 아니고서는 달리 설명할 방법이 없다.

남명의 가르침은 우선 '마음속에 확고한 자아정체성을 확립하고(敬)', 이를 토대로 '불의에 맞서서 끝까지 싸울 수 있는 힘(義)'을 길러야 한다는 것으로 요약된다. 임진왜란 3대의병장인 정인홍 김면 곽재우 등은 모두 남명만을 스승으로 모신 제자들이다. 곽재우는 일찍이 과거시험에 응시하여 2등으로 합격하였으나, 최종 답안을 검토한 선조가 답안지에 임금에 대해서 공손하지 못한 표현이 있다는 핑계로 낙방시켰다. 선조와 곽재우는 1552년생으로 동갑이다. 이 일로 인하여 곽재우는 두 번 다시 과거에 응시하지 않았다. 곽재우의 마음에 선조에 대한 미움이 없었을까? 그렇지만 임진왜란이 일어나자 곽재우는 자신과 친척들의 재산을 모두 모아 최초로 의병군을 조직하여 궐기하였던 것이다.

남명은 제자를 어떻게 가르쳤기에 가장 성공한 교육자로 평가받는 것인가?

선생이 사람을 가르칠 때는 각각 그 재능을 살펴서 그것을 도탑게 했다. 질문이 있으면 반드시 그를 위하여 의문 나는 뜻을 분석하여 말이 미세한 곳에까지 파고들어 듣는 사람으로 하여금 환하게 의문이 풀린 뒤에야 그만두었다.

이것이 남명 교육철학의 기본이었다. 제자를 가르침에는 반드시 그의 타고난 자질을 보고서 순리대로 격려하였던 것이다. 그러나 그보다 더 중요하게 생각한 점이 있었으니, 처음 공부를 시작할 때부터 부모를 섬기고 형에게 공손하며 어른을 공경하고 어린아이에게 자애롭게 대하는 것에서 벗어나서는 안 된다고 강조하였다. 이른바 『소학』에서 말하는 일상의 윤리들을 몸소 행하는 것이 공부의 시작이라는 것이다. 일상의 윤리를 실천하지 못하면서 성리학의 오묘한 진리를 탐구하고자 하는 일은 결국 마음에 얻는 것이 아무 것도 없다는 사실을 강조했다. 공부에 있어 가장 중요한 점은 실천이라는 것이다.

남명이 제자의 자질에 따라서 가르쳤다는 재미난 일화가 바로 약포 정탁과의 이야기이다. 36세의 정탁이 진주교수로 부임하여 가장 먼저 산천재로 남명을 찾아 인사를 드리고 제자가 되었다. 1년 뒤에 임기를 마치고 떠나게 된 정탁이 다시 인사를 드리러 왔다. 떠나는 정탁을 보고서 남명은 "우리 집 뒤뜰에 소가 한 마리 있으니 그것을 몰고 가게."라고 하였다. 가난한 스승이 비싼 소를 선물로 줄 이치가 없다고 생각했지만, 스승의 말씀을 거역할 수 없어 뒤뜰에 갔지만 아무 곳에도 소는 없었다. 다시 돌아와서 "스승님, 소가 보이지 않습니다."라고 하니, 남명이 "내가 소를 몰고 가라고 한 것은 자네의 성격이 급하여 항상 말을 타고 내달리는 것과 같이 행동하므로 소처럼 천천히 매사를 처리하기 바라서라네."라고 하였다. 이에 깊은 가르침을 받은 정탁은 이후 40여 년의 벼슬살이에서 큰 허물없이 지낼 수 있었던 이유를 스승 남명의 가르침 덕분이었다고 술회하고 있다.

정탁은 임진왜란 당시 광해군의 분조에서 중임을 맡아 전쟁 극복에 크게 기여했으며, 전쟁이 끝난 후 좌의정을 제수하자 이를 사양하여 치사(스스로 벼슬을 사양함)하고 고향으로 낙향하였다. 전쟁 중 큰 업적은 바로 이순신을 죽음에서 구한 것이었다. 선조가 끝내 이순신을 죽이려하자 정탁이 간절한 상소를 올려 선조의 마음을 돌려놓은 것이다. 청렴으로 벼슬에서 물러난 정탁은 고향 예천의 내성천에서 베옷을 입고 낚시로 소일하고 있었다. 하루는 이웃 마을의 양반집 소년이 길을 가다가 정탁에게 "이보게 영감, 나를 좀 업어서 내성천을 건네주게!" 하였다. 이에 정탁이 하던 낚시를 멈추고 소년을 업고 내성천을 건너는데, 소년이 "이보게 영감, 이 동네에 약포 대감이 사시는데 요즘 어떻게 지내시나?" 하고 물었다. 정탁이 "예, 도련님! 약포 대감은 요즈음 별로 할 일이 없어서 내성천에서 낚시나 하다가 양반집 도련님들이 강을 건널 때 업어서 건네주곤 한답니다."라고 하니, 소년이 얼굴이 빨개져서 아무 말도 못하다가 강을 건너서 내려주자 줄행랑을 쳤다는 일화도 있다. 약포 정탁의 성격을 말해주는 이야기이다. 만약 정탁이 젊어서 남명의 가르침을 듣지 못했다면 그의 인생은 다르게 전개되었을 것이다.

남명이 제자들에게 교훈으로 남긴 말과 일화를 몇 가지 간추려보자.

나는 배우는 자들에게 다만 그 혼수상태에서 깨어나기를 바란다. 이미 눈을 뜨게 되면 하늘과 땅 그리고 해와 달을 보게 된다.

일찍이 공부하면서 헛되이 경전을 설하고 책 이야기를 하지 않도록 했다. 다만 안으로 구하여 스스로 얻도록 하였다.

선생은 선비의 습속이 무너지고 이욕이 앞서고 의리가 무너짐을 병으로 여겼다. 밖으로는 도학으로 꾸미고 안으로 실제로는 이익을 생각하면서 시세를 좇아 이름을 취하는 것이 온 세상이 같은 무리라고 하였다.

김우옹이 가르침을 청하자, "몸가짐을 행하는 시작은 마땅히 금이나 옥이 자그마한 먼지의 더러움도 받아들이지 않는 것과 같아야 한다."고 하였다.

배우는 사람들에게 말하기를 "공부를 함에는 먼저 지식을 고명하기 하는 것이 긴요하니, 태산에 오르면 만 가지가 모두 아래에 있는 것과 같은 연후에 오직 내가 행하는 바가 스스로 이롭지 않음이 없는 것이다"고 하였다.

김우옹과 정구에게 말하기를 "천하에서 제일가는 관문은 바로 화류관(여자의 유혹)이라, 너희들은 능히 이 관문을 통과할 수 있겠느냐?"라고 하시고는, 웃으며 말하기를 "이 관문은 능히 쇠도 녹이느니라."고 하였다.

남명이 제자들에 대해서 장점과 단점 그리고 더욱 힘써야 할 부분들에 대해서도 솔직하게 지적하고 있음을 볼 수 있다. 덕계 오건에 대해서는 식견의 부족을 염려하고 있다.

내가 사람들을 만나본 것이 적지 않은데, 유독 선생에 대해서 출처의 뜻으로 권면하는 것은, 전에 그대가 밥 먹는 것을 보니 등줄기를 따라 내리지 않고 식도를 따라 내리기 때문입니다. 시사가 두려워할 만하다는 것은 어리석은 부인들도 알고 있습니다. 선생은 본래 식견이 높지 않은데 지금 그 판국 안에 나아가 있으니, 소견이 벌써 어두워졌을 것입니다.……그대는 매양 기미를 살피지 못하니, 하루아침에 화란이 발생하면 피하기 어려울 듯합니다.

외손서이자 제자인 동강 김우옹에 대해서는 정성스럽고 독실함이 부족한데 그 이유는 근본이 확립되지 않았기 때문이라고 지적하고 있다.

매번 살펴보건대, 그대는 물처럼 청렴하고 고요하지만, 정성스럽고 독실하고 세밀하게 살피는 뜻이 적으니, 길이 진보하기가 쉽지 않을 것 같아 이 늙은이는 항상 염려스럽네. 청컨대 정성스럽고 독실하게 하는 공부를 통렬히 더해, 성취한 것을 이 늙은이에게 나누어 주길 바라네.

내가 그대에게 걱정스러운 것은 하루 햇볕을 쬐이고 열흘을 춥게 하는 것과 같을 뿐만이 아니다. 근본이 확립되지 않아 행동을 절제하는 데 재능이 없고, 학문을 강구하는 데 정밀하긴 하지만 치용致用에 졸렬하다. 자유자재로 운용해 쓸 수 있는 수단이 짧으니, 이 점이 가장 시급히 갖추어야 할 일이다.

한강 정구에 대해서는 벼슬에서 하는 일이 없을까 걱정하는 마음을 편지에 담아 보냈다.

그리고 자정[정구의 자]이 외직을 구했으나 나오지 못하게 되었다고 들었습니다. 몸가짐에 법도가 있어 동료들에게 버림을 받지 않았음을 알 수 있으니, 참으로 기뻐할 만한 일입니다. 다만 내직이건 외직이건 모두 녹봉만 타먹고 있는 듯하니, 벼슬길에 나아가기 어려움이 어찌 오늘날과 같은 때가 있겠습니까?

남명도 제자인 오건에게 또 다른 제자인 김효원을 추천하기도 했다. 오건이 이조전랑으로 있을 때 김효원을 지평으로 추천한 내용이 실록에 기록되어 있다.

김효원을 정언으로 삼았다. …… 오건이 전랑으로 서울에 올라올 때 조식이 효원을 그에게 부탁하였는데, 오건이 조정에 들어와서는 맨 먼저 청망을 열어 그를 지평으로 삼았었다.

성암 김효원은 24세 때(1565)에 알성문과에 장원으로 급제하였으며, 뒤에 덕계의 후임으로 이조전랑에 천거되어 이른바 동서분당의 단초를 제공한 인물이다. 『명종실록』 22년 5월 28일조나 『선조수정실록』 23년 4월

1일조(김효원의 졸기)를 보면, 그는 지방의 수령으로서 치적이 뛰어났으며 매우 청렴결백하였으며 바르고 곧은 사람으로 묘사되었다.

남명은 때로는 제자들에게 벼슬에 나가기를 권하고 때로는 물러나기를 권한 사례가 있다.

> 내가 경여[배신의 자]에게는 벼슬길에 나아가기를 권유하고, 자강[오건의 자]에게는 끌어당겨 물러나게 하였는데, 이는 벼슬길과 도를 행하는 길이 참으로 다르기 때문입니다.

낙천 배신에게 벼슬길에 나아가기를 권하면서 그 이유를 녹사 즉 집안이 가난하여 녹봉을 받기 위하여 벼슬하도록 하였다. 그런 배신은 42세에야 진사에 급제하고 46세(1565)부터 관의 추천으로 참봉벼슬에 나아갔다가 54세 되던 해에 죽었다.

남명의 문인 중에서 종실의 인물로 이요가 있었다.

> 오직 공께서는 배운 바를 변치 마시고 인간의 대도를 우뚝한 모습으로 걸어서, 넓은 성으로 돌아가 서로 만날 수 있기를 바랍니다. 왕실의 화려한 뜰에 공과 같이 걸출한 사람이 몇이나 있겠습니까? 다만 걱정되는 바는 한 혈마가 길을 가다가 중도에서 그만두지 않을까 하는 점입니다.

남명이 보낸 편지의 일부분이다. 이요는 세종의 아들인 담양군의 증손으로 경안령慶安令이다. 남명은 그가 종실의 인물로는 보기 드물게 도에 뜻을 두고 있는 사람으로 보아 끝까지 '배운 바를 실천할 것'을 부탁하고 있다. 실제로 이요는 선조에게 붕당의 폐해를 억제하도록 진언하였고, 임진왜란에 일본과 화친하지 말 것을 주장하는 등 남명의 정신을 계승하고 있는 점들을 실록에서 확인할 수 있다.

남명은 제자들에게 크게 두 가지를 가르친 것으로 나타난다. 그 첫째는 벼슬에 나갈 때와 나가지 않을 때를 정확하게 판단하라는 것이었다.

선비로서 위로는 천자에게 신하 노릇을 하지 않고, 아래로는 제후에게 신하 노릇을 하지 않는 자가 있었으니, 그들은 비록 나라를 나누어 주더라도 이를 조그만 물건처럼 가볍게 생각하여 달가워하지 않았다. 그들은 품고 있는 포부가 크고 가지고 있는 능력이 무거워 일찍이 남에게 가벼이 자리를 허여하지 않았다. 용을 잡는 기술을 가진 사람은 희생을 잡는 부엌에 들어가지 않고, 왕도정치를 보좌할 수 있는 사람은 패도정치를 하는 나라에 들어가지 않는 법이다.

둘째는 언제든지 기회가 되면 큰일을 할 수 있는 모든 역량을 갖추고 있어야 한다는 것이었다.

대장부의 처신은 중후하기는 만 길 우뚝 솟은 산악처럼 하여, 때가 되면 자기의 경륜을 펼쳐 많은 일을 해야 한다. 비유하자면 삼만 근이나 나가는 큰 쇠뇌는 한 방에 만 겹의 성벽을 깨뜨리지만 생쥐 한 마리를 잡기 위해 쓰지 않는다.

남명은 스스로 온갖 분야의 학문을 섭렵하였다. 그러나 제자들에게는 쓸데없는 공부에 시간을 낭비하지 말라고 경고하기도 했다. 그러면서 제자들이 벼슬에 나가 백성들의 삶에 도움이 되는 일을 하였을 때에는 칭찬을 아끼지 않았고, 나라를 걱정하여 제자들에게 국방의 문제를 예비시험 주제로 출제하기도 했다.

무엇보다도 남명이 스스로 모범을 보이고 또 제자를 가르친 핵심은 선비 정신의 실천이었다. 스스로 학문을 하여 인격을 갖추고, 윤리적으로 다른 사람의 모범이 되며, 그 어떤 유혹에도 흔들리지 않고 스스로의 정체성을 지킬 수 있는 지조를 지키며, 불의에 저항하여 목숨을 걸고 저항할 수 있는 기개가 있으며, 기회가 되면 나아가 큰일을 할 수 있는 역량을 지녀야 하며, 세월이 흐를수록 그 맑은 향기가 멀리 전해질 수 있는 대장부가 바로 참된 선비이다. 남명은 그러한 점에서 선비의 전형이고, 그것으로 제자들은 가르쳤으며, 제자들은 스승의 가르침을 실천하여 결국 남명을 우리역사에서 가장 성공한 교육자로 만들었다.

학문은 실천을 통하여 빛을 발하는 것임을 증명한 것이다.

15장

풍속 교화

　유학은 결국 예의의 가르침이다. 유교를 통치이념으로 채택한 조선은 건국 초부터 『주자가례』의 보급에 많은 노력을 기우렸지만 크게 실질적인 효과를 거두지 못했는데, 사림파의 정계진출과 더불어 이의 향촌에로의 보급이 가속화 되었다. 예학은 실천유학의 이론적 발전이자 필연적 과정이다. 사림파는 지방에서 자리를 잡았으므로 향촌의 교화에 힘을 쏟았다. 남명이 살았던 당시에도 일반에게 있어서는 음사淫祀로 통칭되는 불교적이고 토속적인 예식이 성행하고 있었던 것이다.

　이와 같은 상황에서 실천을 중시한 남명이 예의 문제에 깊은 관심을 갖게 된 것은 당연한 일이라 하겠다. 남명은 성리학의 예학에도 매우 뛰어났다. 제자 개암 강익은 『의례』를 50년 동안이나 연구했다는 평가가 있을 정도로 예학을 깊이 공부한 인물인데, 그가 남명에게 보낸 편지에 '가까운 시일 안에 의문 나는 곳을 메모하여 선생님께 가르침을 청하고자 합니다.'라고 편지를 보내고 있다.

　또한 『덕천사우연원록』의 문인 도희령 조에 의하면, '선생이 지곡사 및 단속사를 유람함에 공이 수일간 배종했는데, 도를 강하고 예를 논했다'고

되어 있다. 그리고 이천경의 「연보」 31세 조에 '남명 선생께 가서 문안드렸다. 상제의 예절과 자신에게 절실한 요체 및 위기의 방법을 물었다'고 되어 있어, 남명이 예학에 밝았다는 사실과 당시 제자들의 예에 대한 관심 정도를 충분히 짐작할 수 있게 한다.

남명은 71세 되던 해 정월에 퇴계의 부음을 듣고서 자신의 삶도 얼마 남지 않았음을 말하고, 『사상례절요』를 지어 문인 하응도 등에게 주면서 그의 장례를 이것에 의해 치르도록 하고, 죽음을 이틀 앞둔 때에 '문인 하응도 손천우 류종지 등에게 명하여 『의례』로써 상을 다스리게' 하고 있다. 이를 보면, 그가 지은 『사상례절요』가 『의례』에 준한 것임을 알 수 있다.

한편 남명은 일찍이 혼례 상례 제례의 절차에 대해 따로 정한 바가 있었다.

혼인 상례 장례 제례는 대략 『주자가례』를 모방하였는데, 그 대의는 취하되 그 절문은 모두 이에 합치되도록 구하지 아니하였다. 친상을 당함에는 삼년을 곡읍하고 몸에서 상복을 벗지 아니하며 발은 여묘를 벗어나지 않았다. 혼례에 있어서는 나라의 풍습으로써 여자 집에서 예를 행하게 하여 친영의 한 항목은 행하지 않고 다만 신랑과 신부가 혼례청에서 서로 보고서 교배의 예를 행하게 했으니, 대개 이로써 점차 옛날로 돌이키는 풍습이 일어나게 되었다. 또 혼례와 상례에 있어서는 속설을 좇아 제물상을 높이 배열하지 아니하였으니, 당시 사대부의 집에서 이를 따름이 많았고, 풍속 또한 이로 말미암아 다소 변하게 되었다.

남명이 지역사회의 풍속을 검소하면서도 법도에 맞도록 교화시킨 것이 많았다는 사실을 알 수 있다. 조선시대 예학의 우뚝한 인물이면서 남명의 제자인 한강 정구도 이에 대해서 '혼례의 폐함이 오래되어 아래 사람들은 참으로 돌이킬 수 없다. 그러나 남명 선생이 옛 것과 지금 것을 참작하여 첫

혼인의 상견으로 하여금 친영 일조를 뺀 외에 나머지의 곡절은 오히려 스스로 예에 의거하게 하셨다.'고 하고 있다.

남명의 예학은『주자가례』를 모방하되 오래된 나라의 풍속은 이에 포함시키고 있음을 알 수 있으며, 과일상을 높이 배열하지 않은 것은 예의 본질인 검소함을 중시했던 것으로 여겨진다. 그가 예제에 우리나라의 풍속을 수용한 것은『주자가례』의 편집방침이 '고금의 서적을 보고서 그 대체의 변하지 않음에 인하고, 그 중간에 빼어지고 보태어진 것을 조금 더하여 일가의 서를 이루었던 점'과 상통하는 면이 있다.

남명은 스스로 예를 행함에 엄격하였다.

선생이 복상 중에 있을 때는 피눈물로 애모하여 질대를 벗지 아니하고 이른 아침부터 밤늦게까지 일찍이 몸이 빈소의 곁을 떠난 적이 없었으며, 비록 질병에 걸려도 또한 물러나 빈소에서 나가고자 하지 않았다. 제사에는 반드시 제물을 갖추고 삶고 조리함의 마땅함과 씻고 닦음의 깨끗함은 주방의 노비에게만 맡겨두지 아니하고 반드시 몸소 살폈다. 조문하여 위로하는 사람이 있으면, 반드시 엎드려 곡하고 답배할 따름이어서 일찍이 앉아서 더불어 이야기하지 않았다. 머슴에게 경계하기를, 상이 끝나지 않으면 집안일의 번잡한 것으로써 와서 말하지 못하게 했다.

장례에 임하여 그 애모의 정이 지극했음과 스스로 예의 실행에 엄격했음을 알 수 있게 한다.

한편 이러한 남명의 예학은 후대에 있어서도 상당한 영향력을 미친 것으로 보인다.

근세에 상제혼인의 예는 남명 선생이 참작해 정하여 준행함으로 말미암아 거의 옛날로 돌이킴에 이르렀는데, 또 병란이 있은 뒤부터 그 예가 마침내 폐지되니, 부사 성여신이 개연히 이를 인도하여 앞장서서 드디어 남명 선생이 정한 바의 예를 회복하게 되었다. 일찍이 이르기를, 혼인에 상을 배열함은 혹 가하다 할 것이나 장례와 제사에 이르기까지 또한 모두 상을 차리고, 더러는 손님이 술을 달라 해서 놀이판을 벌이기에 이르니, 법도에 어긋난 잘못이 이보다 더한 것이 없는데도 끝내 고치지 않으니 매우 탄식할 일이다.

남명이 힘써 바로잡은 풍속이 임진왜란을 겪고 다시 사치와 음사의 풍조로 돌아가게 된 것이 많았다는 이야기이다. 이를 제자 성여신이 적극 노력하여 남명이 정한 예법을 회복하고 있다고 말한 것이다. 또한 조선시대 예학 탐구의 연원을 남명에게서 찾아, 남명을 예학의 시조로 보는 견해도 있다.

남명의 제자 오건이 나라의 혼례가 예에 어긋난다고 올린 상소와 나라의 혼례를 검소하게 할 것을 청하는 상소를 올려 왕실의 혼례가 그릇되었다고 지적하고 있는 것에서도 남명의 흔적을 찾을 수 있다. 더 나아가, 제자인 모촌 이정 등 몇몇에 의해 진주의 원당에 향약이 시행되었는데, 이 또한 남명의 영향에서 이루어진 것으로 보인다.

남명은 예학으로 검소한 풍속을 이루고, 예의 본질인 정성스러움을 지역사회에 보급하고자 했던 것을 알 수 있다.

『남명집』과
『학기유편』이야기

옛날 사람들은 세상을 떠난 후에 제자들이나 후손들이 그가 평생 남긴 글들을 모아서 책으로 간행하는 일이 많았다. 지금은 주로 컴퓨터로 글을 쓰기 때문에 수시로 내용을 수정할 수 있지만, 옛날에는 종이에 글을 써서 수정 보완해야 했다. 그리고 완성된 글은 대부분 다른 곳으로 보내는 것이었기 때문에 별도로 사본을 만들어서 보관하는 것이 관례였다. 나중에 이 사본을 종류별로 나누어 편집하고 혹시 빠진 내용이 있을 경우에는 원본을 소유한 사람에게 협조를 구하여 얻어서 책을 출판한다. 그 책을 '문집'이라고 한다.

이와 달리 우리는 가끔 '실기實記' 또는 '실기實紀'라는 이름으로 된 옛날 사람들의 책을 볼 수도 있다. '실기實記'는 보통 그 인물이 남긴 글이 많지 않아서 한 권의 책을 만들기에는 부족하지만 그나마 본인이 남긴 글이 몇 편은 되어서 후손과 다른 사람들이 당사자에 대해서 쓴 글들까지 보태서 묶은 책을 말하는 경우가 많다. 반면에 '실기實紀'는 본인이 남긴 글이 한두 편뿐이거나 아예 없는 경우에 후손들과 다른 사람들이 당사자에 대해서 쓴 글이 중심이 되어 묶어서 펴낸 책을 말하는 경우가 많다.

그러나 책을 간행하는 것은 비용이 많이 들고 작업도 매우 힘든 일이었다. 조선 중기까지는 대부분 목판으로 간행하는 경우가 많았다. 해인사에 있는 팔만대장경 목판처럼 나무판의 앞뒷면에 각각 한 장씩 종이에 글을 써서 붙여서 조각을 하고 인쇄하기 편하도록 틀을 만들어서 한 장 한 장 찍어내어 각 장을 절반으로 접어서 책으로 묶는 것이 목판본이다. 조선 후기에는 글자 한 자 한 자를 도장처럼 만들어서 필요한 글자를 찾아서 틀 속에 순서대로 배열하고 흔들림이 없도록 고정한 다음 책을 인쇄했다. 이것을 목활자본이라고 한다.

현재 우리나라에 남아 있는 목판 중에서 가장 방대한 분량은『주자어류』목판본으로 2,100장이 넘는다. 이것은 지금 진주시 수곡면에 소재하고 있는 '광명각'에 보존되어 있다. 그것을 제작할 당시의 가격을 오늘날의 돈으로 환산하면 약 10억이 넘는다고 한다.

남명은 세상을 떠난 뒤 20년 만에 임진왜란이 일어나 그의 유적지들은 모두 불타고 말았다. 이 병화에 남명이 남긴 글들도 대부분 재로 변하였다. 그로부터 10년이 지난 뒤인 1602년에 여기저기에서 수습한 남명의 글을 모아서 일차적으로『남명선생문집』을 해인사에서 간행하기로 하였다. 해인사에서 간행한 가장 큰 이유는 이 작업을 주도한 인물이 남명의 핵심 제자인 내암 정인홍이었고, 그는 해인사 아래 첫 동네에 살았기 때문이다. 그리고 당시 목판을 만드는 기술자들은 승려가 많았기 때문이기도 하다. 이것은 팔만대장경을 만든 이후로 승려들 사이에서 목판제작 기술이 많이 전승되었기 때문일 것이다. 더구나 조선은 유교를 숭상하고 불교를 억압하였으므로 절의 승려들을 싼 값으로 작업에 동원할 수 있었다.

그러나 처음 간행한『남명선생문집』은 제대로 인쇄하기도 전에 화재로 불에 타버렸다. 그래서 다시 1604년에 책을 간행하게 되었는데, 이것이 오늘날 확인할 수 있는 가장 오래된 『남명집』이다. 그 이후로 『남명집』은 1609년에 내용을 증보하여 다시 간행한 것을 비롯하여 조선이 망하는 해인 1910년까지 대체로 약 17차례에 걸쳐서 수정 보완되면서 간행되었다. 『남명집』이 이렇게 많은 횟수에 걸쳐 간행되었다는 사실은 남명학이 역사적으로 그만큼 많은 우여곡절을 겪었다는 말과 같다.

『남명집』이 그런 곡절을 겪은 이유는 몇 가지를 꼽을 수 있다. 첫째, 남명이 남긴 글이 전쟁에 소실되어 수습하는 과정에서 추가된 부분들이 있었다. 둘째, 초기의 『남명집』 간행은 내암 정인홍이 주도하였는데, 그 과정에서 자신이 보충적으로 쓴 글들도 있었다. 인조반정 이후 『남명집』에서 정인홍의 흔적을 지우기 위해 그런 부분을 제거할 필요를 느껴 새로 간행하게 되었다. 셋째, 인조반정 이후 남명학파가 와해되는 과정에서 결집의 필요성을 느껴 『산해사우연원록』을 편찬하여 『남명집』에 포함시켰기 때문이기도 하다. 넷째, 또한 남명이 직접 쓴 글뿐만 아니라 성운이 지은 묘갈명이나 제자들이 지은 추모의 글 등을 포함시킬 필요도 있었다. 다섯째, 남명의 「신도비명」이 네 개나 되고 그 글들을 받게 된 시기가 각각 달라서 추가로 간행되기도 했다. 여섯째, 정조 때에 왕이 내린 「사제문」도 포함시킬 필요가 있었으므로 또 추가로 간행할 필요도 있었다. 일곱째, 무엇보다도 남명이 직접 지은 글이 너무 어려워 이해하기 힘든 부분이 많아 글자가 바뀌는 경우도 있었다. 뿐만 아니라, 「신명사도」에 표기한 글 중에서 '국군사사직國君死社稷' 즉 '임금은 사직과 함께 죽어야 한다.'는 구절을 그대로 두어야 하느냐 빼야 하느냐 하는 문제도 있었다. 여덟째, 시대에 따라 『남명집』 수정의 필요성을 제기한 인물들이 각각 정치적 입장이 달라 내용의 변화를 의도적으로 계획한 경우도 있었다.

그러나 크게 본다면, 『남명집』은 네 종류로 나눌 수 있다. 첫째는 1602

년 초간본(현존하는 것은 1604년 판본)부터 1609년과 1622년에 간행된 초기 판본 계통이다. 둘째는 인조반정 이후 정인홍의 흔적을 제거하고 우암 송시열의 자문을 받아 별집과 부록을 포함하여 1671년에 간행한 '이정합집 본'이다. 셋째는 편집의 체재를 대폭 바꾸고 다시 서인의 색채를 지우고 전체를 일목요연한 순서로 정리하여 1702년 이후에 간행한 '이정합집본'이다. 넷째는 1894년 이후에 간행된 것으로 '중간본 남명집'이라고 이름하는 것이다. 이 판본은 기존의 『남명집』과 『학기유편』에 대폭적인 수정을 가한 것으로 본래의 면모를 잃었다고 할 수 있다. 그 이후에는 번역본 『남명집』이 몇 차례 간행되었으나, 1995년에 경상대학교 남명학연구소에서 번역하여 간행한 『남명집』 원집 즉 남명이 직접 지은 글들만을 번역한 것이 널리 읽히고 있다.

현재 『남명집』은 남명이 직접 지은 글로 된 원집과 남명이 세상을 떠난 후 다른 사람들이 남명과 관련하여 쓴 글인 부록 그리고 『학기유편』과 『산해사우연원록』 등을 포함시킨 별집 등 모든 부분을 포함하고, 여기에 『덕천사우연원록』과 『청무소축』 그리고 다른 사람들의 문집에 들어 있는 남명 관련 글들을 전부 수습하여 교정하고 번역하는 사업을 한국선비문화연구원에서 추진하고 있다. 이 사업은 '남명집 정본화 사업단'을 꾸려서 진행하고 있는데, 6년에 걸쳐 경상남도의 재정적 지원을 받아 수행하게 된다. 이 작업이 모두 끝나면 총 7책의 『남명전서』로 출판할 계획이다.

남명은 평소에 저술을 많이 남기지 않았다. 학술적인 저서는 정자와 주자 이후로 더 필요 없다고 보았으며, 시를 짓는 일도 '사물을 감상하면서 마음의 본뜻을 상실하는 일'이라고 하여 '시황계'를 지니고 다니면서 즐겨하지 않았으므로 다른 사람들에 비해 남긴 시도 매우 적은 편이다. 대신에 남명이 지은 글은 그 뜻을 파악하기 어렵기로 유명하다. 특히 시의 경우는 오랜 세월 번역에 논란을 초래하고 있는 구절이 여전히 많고, 오래된 고사를 인용하여 쓴 곳이 많아 원래의 뜻을 다 찾아내기가 지극히 어렵다. 아마도 남명이 지은 글에 대한 완벽한 번역은 거의 불가능할지도 모른다는 생각이 들 정도이다.

남명은 공부하면서 읽은 글 중에서 중요하다고 생각되는 부분들을 따로 종이에 메모를 해두었다. 이 메모는 산천재에 보관되어 있었는데, 남명이 세상을 떠나기 직전에 제자 정인홍이 "제가 이것을 가져가서 『근사록』의 체재와 같이 편집하여 간행하는 것이 어떻겠습니까?"라고 하니, 남명이 "그것이 좋겠다."고 정인홍이 합천의 자기 집으로 가져갔다.

그러나 약 45년간 이 메모는 책으로 간행되지 못하고 보관되어 있다가 1617년에 비로소 『근사록』과 유사하게 편집하여 출간하게 되면서 『학기유편』이라고 이름을 붙였다. 오늘날 『남명집』에 들어있는 글 중에서 김우옹이 지은 스승의 「언행록」이나 배신이 지은 「행록」 등은 남명을 영의정에 추증하고 시호를 내리기 위해 필요한 자료로 지은 글들이다. 조정에서 남명의 학덕과 처사로서의 일생을 살아간 자취에 대한 증거자료가 필요했기 때문인 것이다. 『학기유편』은 남명을 문묘에 배향하기 위한 운동이 일어나고 있을 당시 그의 학문적 업적이 필요했기 때문에 책으로 간행하게 된 것으로 볼 수 있다.

그러나 결국 남명은 문묘에 종사되지 못했다. 『학기유편』은 남명이 인용하면서 많은 부분에 대해서 출처를 밝히지 않았는데, 남명학연구소에서 번역 간행하면서 그 출전을 찾은 곳이 매우 많지만 여전히 몇 곳은 출전을 밝히지 못하고 있다. 그 이유 중에서 대표적인 경우는 남명이 인용하여 적으면서 한 책의 내용을 한 구절로 인용하지 않고 두 책 또는 세 책에 나오는 내용들을 묶어서 한 구절로 메모한 곳 등이 있기 때문이다.

『학기유편』에서 중요한 점은 그 책에 수록된 「학기도」라는 그림이다.

정인홍은 '서문'에서 24개의 그림 중에서 남명이 17개의 그림을 스스로 그렸다고 했다. 그러나 최근의 연구에 의하면 남명이 직접 그린 것인지 알 수는 없지만 출전이 밝혀지지 않은 그림은 불과 5개밖에 안 되는 것으로 나타났다. 남명은 학술적인 저술은 더 이상 필요 없다고 한 것처럼 「학기도」도 스스로 그린 것이 거의 없었다. 남명이 그린 그림 중에서 그의 사상을 가장 잘 드러내고 있는 그림은 「신명사도」이다. 이 그림은 남명이 직접 그린 것이 확실하다.

1617년에 간행된 『학기유편』 초간본은 현재까지 상 하 2책으로 단 1질만 남아있다. 이 책의 서문과 「범례」는 정인홍이 썼다. 현재 남아있는 초간본 서문의 마지막에는 글쓴이를 '문인 서산 정인홍 근서'라고 밝히고 있는데, 원래의 소장자는 이 부분을 먹물로 까맣게 지워버렸다. 그러나 책을 들고 빛에 비추어보면 먹물속의 그 글자들은 선명하게 확인된다. 이 『학기유편』도 처음에는 별행본으로 간행되었지만 나중에는 『남명집』에 별집으로 포함되었다. 그러면서 정인홍이 지은 서문은 제거하고, 후대의 사람들이 뒤에 「발문」을 지어 넣어 간행경위를 밝히고 있다. 이 책의 내용도 『남명집』의 변천에 따라 많이 달라졌고, 중간본 『남명집』에서는 완전히 다른 모습으로 변해버렸다고 할 수 있을 정도로 변화가 심했다.

『남명집』과 『학기유편』이 역사의 흐름에 따라 변한 모습이 바로 남명학파의 역사적 흥망성쇠를 증거하고 있다. 이 책의 변화 과정 속에 들어있는 사실과 진실을 드러내는 연구는 그래서 매우 중요하다.

17장

남명을
기리는 글

평생 동안 남명과 가장 절친한 벗은 대곡 성운이라고 할 수 있다. 성운은 남명보다 4살이 많았다. 그러나 옛날에는 벗을 덕으로 사귀는 것이지 나이로 사귀는 것이 아니었다. 남명은 자신보다 22살이나 많은 삼족당 김대유와도 벗으로 지냈다. 그러나 대체로 옛날에는 아래위로 8살까지는 벗으로 사귀고, 10살이 많으면 큰형으로 대접하고, 20살이 많으면 아버지처럼 대하는 관습이 있었다. 성운은 평소에도 남명을 다음과 같이 평했다.

남명은 내가 항상 하늘 위의 사람으로 여겨서 존경하고 우러르기에 겨를이 없었다.

이 사람은 내가 감히 벗으로 할 수 없으니, 우러러보기를 높은 산악과 같이 하고 공경하기를 엄한 스승처럼 하였다.

남명은 도탑게 배우고 힘써 행하여 도를 닦고 덕에 나아가며 정성스럽게 알고 널리 배워 비할 만한 사람이 없었다. 또한 옛 성현들과 짝이 될 만하고 뒤 세대의 배우는 자들에게 우뚝한 스승이 될 것이다.

성운은 83세까지 장수하여 남명이 세상을 떠난 뒤에「묘갈명」지었다. 그 끝부분에 '세상 사람들이 남명을 잘 알지 못하여 논평에 상이한 점이 있다. 그러나 어찌 반드시 오늘날의 사람들에게만 알아주기를 바라겠는가! 단지 백세를 기다려도 아는 사람은 알아줄 뿐이다.'라고 하고, 명을 지었다.

하늘이 덕을 내려 어질고 곧았으니,
거두어 몸에 지녀 스스로 쓰기에 넉넉했다.
남들에게 펴지 못해 은택 보급 못했으니,
시세인가 운명인가 백성들 복 없음이 슬플 뿐!

남명이 세상을 떠난 후 제자 정인홍과 김우옹이 각각 스승의 일대기를 글로지어 남겼으니「남명선생행장」이다. 정인홍은 그 글에서 스승을 다음과 같이 묘사하였다.

선생은 기우가 청고하고 눈빛이 형형하여 바라보면 티끌세상의 인물이 아님을 알 수 있다. 언론의 빼어남은 우레가 치고 바람이 일듯하여 사람들로 하여금 은연중에 이익과 욕망의 잡념을 없게 하였으니 자기도 모르게 사람을 감화시킴이 이와 같았다. … 아! 외진 땅에 말세가 되어 도학이 떨치지 못하더니 선생께서 우뚝 떨치고 일어나 스승을 말미암지 아니하고 능히 스스로 수립하여 초연히 나아갔다. … 이 해 겨울 두류산에 목가木稼의 재앙이 있어 지식인들이 자못 철인哲人에게 불행이 있으리라 하더니 선생이 과연 병을 얻어 일어나지 못했다. 세상을 떠나던 날 세찬 바람과 폭우가 몰아쳤으니 사람들이 우연이 아니라고 하였다.

김우옹은 다음과 같이 묘사하였다.

아! 선생은 세상에 드문 호걸이니 눈 위에 비추는 달 같은 흉금과 강이나 호수 같은 성품으로 만물 밖에 우뚝 서서 일세를 내려다보았다. 고매한 식견은 천품에서 나왔으니 기미를 보고 일을 논함에 사람들의 의표를 뛰어넘었으며 시대를 근심하고 세상을 개탄한 충의의 떨침은 상소문과 임금을 만나 아뢴 말에서 대강 볼 수 있다. 천성이 강개하여 일찍이 남에게 굽히거나 우러르지 않았으며 학사나 대부와 더불어 이야기가 정치의 폐단과 백성의 곤궁함에 미치면 일찍이 팔을 걷고 목이 메이고 때로는 눈물을 흘려서 듣는 이들이 경청했으니, 이 세상을 잊지 못함이 대개 이와 같았다. … 그 우뚝 홀로 서서 의연히 굽히지 아니함이 선생 같은 이를 구할진대 백 명 중에 한 사람도 볼 수 없으니 선생을 또한 어찌 가벼이 논할 수 있겠는가!

구한말의 거유 면우 곽종석이 지은 「남명선생묘지명」에서는 '명'을 다음과 같이 지었다.

나를 안다는 사람은 춘풍의 화락에 호수와 바다의 기개라 말하고,
나를 모르는 사람은 뇌수雷首의 청렴에 부춘富春의 고절이라 말한다.
내 뜻을 지녔으니 나아가선 천하에 소소한 풍류 떨치고,
내 근심 없으니 물러나선 누항陋巷에서 단표簞瓢 가난 즐겼다.
빛나는 신명은 태극의 정령이고,
만고의 경의는 일월의 광채이다.
명선 성신 박문 약례 두 갈래가 아니다.
과거에 물어보고 미래를 기다려도,
나를 아는 것은 하늘뿐이라!

남명이 영의정에 추증되자 '신도비'를 세우게 되었다. 처음 정인홍이 지

은 글로 세웠다가 인조반정으로 철폐하고, 후에 미수 허목, 우암 송시열, 용주 조경 등이 다시 「신도비명」을 지었다.

정인홍은 「신도비명」에서 '명'을 다음과 같이 지었다.

종일토록 열중한 학문은 오직 위기爲己이고,
동정은 때에 맞아 머물 곳에 머물렀다.
숨어서 쓰이지 아니함은 깊은 연못의 용과 같고,
그 즐거움 바꾸지 않으니 끼니 자주 굶었다.
홀로 서서 두려움 없고 세상에서 숨어 근심 없음은 『주역』 '대과괘'의 뜻이고,
7일 만에 찾았으니 머리꾸미개 잃음을 누가 알랴!
뜻밖에도 무슨 병이 불치에 이르렀나.
아! 선생께선 저승의 해와 달이 되었으리.
덕천강 위에다 비석을 세우노니,
높은 산 넓은 물과 그 수명 함께 하리!

미수 허목은 「신도비명」에서 남명이 '스스로 일가의 학문을 이루었다고 하고, '명'에서 다음과 같이 표현하였다.

고결하게 스스로 지키고 은거하여 의를 행했으니,
그 몸 아니 욕되고 그 뜻 변치 아니하였다.
도를 굽혀 시속 따르지 않았으니,
일신의 사업을 고상하게 이루었다.

우암 송시열은 「신도비명」에서 '남명 선생이 이미 세상을 떠남에 선비는 더욱 구차해지고 풍속은 더욱 투박해졌으니 지식인들이 선생을 사모함이 더욱 간절하다. 그러나 사람들이 의를 귀하게 여기고 이익을 천하게 여

기며 조용히 물러남을 가상히 여기고 탐욕을 부끄러이 여길 줄 알게 되었으니 선생의 공이 참으로 위대하다.'고 하고, '명'에서 다음과 같이 말하였다.

> 고상한 천품이라 흉중에 티끌 없어 깨끗하고 활달했다.
> 옛 것 믿고 의리 좋아 명분 절개 힘썼으니 횡류 중의 지주였다.
> 산 속에 집을 짓고 요순을 읊조리며 배회하며 스스로 즐겼다.
> 오직 경과 의를 성현의 교훈이라 벽에 크게 걸었다.
> 임금이 기다리니 찬연히 나갔다가 홀연 이내 돌아왔다.
> 수양하는 용맹은 용을 잡고 범을 묶듯 늙을수록 돈독했다.
> 명성 더욱 높아지고 사림 더욱 흠모하니 북두성이 북쪽에 있는 듯!
> 목가 재앙 알리고 소미성 광채 잃으니 철인 횡액 당하였다.
> 높은 산 무너지니 나라에 전형 없어 선비 뉘를 본받으랴!
> 오직 그 가르침 완부 유뷰 바로 세워 우리 국맥 길이 했다.
> 두류산 하늘 솟고 그 냇물 땅을 갈라 깊고도 우뚝하다.
> 천억 년 흘러도 선생의 이름은 이와 함께 무궁하리.

용주 조경은 「신도비명」에서 '아! 선생의 도는 『주역』 '고괘' 상구에 있으니, 오직 도덕을 지니고서도 때를 만나지 못해 고결히 스스로 지킨 것이 그것이다.'라고 하고서, '명'에 다음과 같이 말했다.

> 방장산 우뚝 솟아 만 길이니 선생의 기상은 백세토록 추앙하고,
> 덕천강 깊고 맑아 소슬하니 선생의 도덕은 갈수록 활발하다.
> 오직 군자가 삼갈 바는 진퇴출처 뿐이기에,
> 정도로써 아니하면 어찌 취해 사사로이 하겠는가!
> 높은 도리 행하기 어려우니 차라리 구원에서 난초 키웠다.
> 임금들이 불러서 칭송할 뿐만이 아니었으니,
> 대개 장차 천하의 선비들 본받게 함이었다.

산해정 풍경은 변함이 없고,
거북 등에 서린 용은 선생의 신도비라.
내 명하여 새기노니 무성한 푸른 대나무에서 그 모습 상상하리!

남명의 「신도비명」을 지은 정인홍 허목 송시열 등은 실로 남명을 본받아 처사로 일생을 살고자 하여 과거시험을 보지 않았던 인물이다. 그러나 그들의 학덕이 세상에 알려져 모두가 정1품의 정승에까지 올랐으니 국가의 전례를 깬 것이다.

남명의 덕을 칭송한 글 중에서 또 하나 압권이라고 할 수 있는 것이 바로 곽종석의 「입덕문부」이다.

찬란한 저 세 글자가,
바로 '입덕문'이란 것이오.
하늘 높이 솟은 것은 두류산 정상이고,
저기 우뚝하게 높은 집이 산천재라오.
……
두류산의 저 높은 봉우리,
몇 천 길인지 내 알지 못하지만,
남명 선생의 도덕에 비유하면,
아마 조그마한 언덕에 불과할 거요.

이 외에도 남명의 학덕을 칭송하는 글은 수 없이 많지만 여기서는 이 정도만 소개하도록 한다.

남명 선생 연보

1501년   (1세) 연산군 7년, 음력 6월 26일 진시辰時(오전 7시~ 9시). 경상도 삼가현
三嘉縣 토동兔洞(현 경상남도 합천군 삼가면 외토리)의 외가에서 태어났다.
자字는 건중楗仲, 호號는 남명南冥 또는 산해山海·방장노자方丈老子·방장
산인方丈山人, 본관은 창녕昌寧. 아버지는 승문원承文院 판교判校를 지낸
조언형曹彦亨, 어머니는 인천 이씨仁川李氏이며 충순위忠順衛 이국李菊의
따님이다.

1507년   (7세) 중종 2년. 아버지로부터 글을 배우다. 『시경』, 『서경』 등을 입으로 가
르쳐주니 바로 외워 잊지 않았다.

1509년   (9세) 중종 4년. 병이 들어 위독했으나 이를 걱정하는 어머니를 보고 "하늘이
사람을 태어나게 한 것이 어찌 우연이겠습니까? 지금 제가 다행히 장부로 태
어났으니 하늘이 저에게 부여한 사명이 반드시 있을 것입니다. 어찌 지금 갑
자기 요절할까 걱정할 것이 있겠습니까?"라 하여 주위를 놀라게 했다.

1517년   (17세) 중종 12년. 아버지가 단천 군수에 임명되어 임지로 따라가서 5년간
살았다. 이곳에 생활하는 동안 유교경전 뿐만 아니라 주석서 및 제자백가·천
문·지리·의학·수학·병법 등을 두루 공부하였다. 관아에 있는 동안 직접 행
정체계의 불합리성과 아전들의 농간, 백성들의 곤궁함을 직접 목격하였고,
이 기간에 첫사랑도 경험하였다.

1519년   (19세) 중종 14년. 기묘사화己卯士禍가 일어났다. 공부를 하다가 정암靜庵

조광조趙光祖의 부고를 들었다.

1520년　(20세) 중종 15년. 진사·생원 초시와 문과 초시에 급제하였다. 생원·진사 회
시會試에는 응하지 않았다.

1521년　(21세) 중종 16년. 부모님의 권유에 따라서 문과 회시에 응시하였으나 합격
하지 못하였다. 단천에서 서울로 돌아왔다. 이때부터 깨끗한 그릇에 물을 가
득 담아 꿇어앉아 두 손으로 받쳐 들고서 기울어지거나 흔들리지 않은 채로
밤을 새우며 자신의 이웃에 살던 대곡大谷 성운成運과 교유했고, 청송聽松
성수침成守琛과도 교분을 쌓았다.

1522년　(22세) 중종 17년. 남평 조씨南平曺氏 충순위忠順衛 조수曺琇의 딸에게 장
가들었다.

1525년　(25세) 중종 20년. 절간에서 공부하다가 『성리대전性理大全』에서 원나라
학자 노재盧齋 허형許衡의 글을 읽고 과거를 위해 하는 공부가 크게 잘못되
었음을 깨달았다. 그 길로 집으로 돌아와 육경과 사서 및 송유宋儒들이 남긴
글들을 공부하였다. 공자孔子·주염계周濂溪·정명도程明道·주자朱子의 초
상화를 그려 네 폭 병풍을 만들었다. 이 병풍을 자리 곁에 펴두고서 아침마다
우러러 절을 올려 마치 직접 가르침을 받듯이 극진한 정성을 기울였다.

1526년　(26세) 중종 21년. 부친상을 당하였다. 서울에서 영구靈柩를 모시고 고향으
로 가서 장례를 치르고 시묘살이를 하였다.

1528년　(28세) 중종 23년. 부친의 삼년상을 마쳤다. 가을에 직접 아버지의 묘갈명墓
碣銘을 지었고 성우成遇와 함께 지리산 천왕봉에 올랐다.

1529년　(29세) 중종 24년. 의령宜寧 자굴산闍崛山에 있는 절에 머물며 글을 읽었다.

1530년　(30세) 중종 25년. 어머니를 모시고 김해金海 신어산神魚山 아래로 옮겨 살
았다. 별도로 정사精舍를 지어 산해정山海亭이라 이름 붙였다. 대곡 성운·청
향당淸香堂 이원李源·송계松溪 신계성申季誠·황강黃江 이희안李希顏 등

이 내방하여 학문을 강론하였다.

1531년 (31세) 중종 26년. 동고東皐 이준경李浚慶이 보내온 『심경心經』 뒤에 '이원길이 선물한 『심경』 끝에 씀[書李君原吉所贈心經後]'이라는 글을 써 넣었다.

1532년 (32세) 중종 27년. 규암奎菴 송인수宋麟壽가 보내온 『대학大學』 뒤에 '규암이 선물한 『대학』 책갑 안에 씀[書圭菴所贈大學冊依下]'이라는 글을 써 넣었다. 성우가 보내온 『동국사략東國史略』에 발문跋文을 붙였다.

1533년 (33세) 중종 28년. 향시에 응시하여 1등으로 합격하였다.

1536년 (36세) 중종 31년. 첫째 아들 차산次山이 태어났다. 가을, 향시에 응시하여 3등을 하였다. 이 해 서암棲巖 정지린鄭之麟이 와서 배웠다. 남명이 제자를 가르친 것은 이때부터이다.

1538년 (38세) 중종 33년. 회재晦齋 이언적李彦迪과 이림李霖의 천거로 헌릉獻陵 참봉參奉에 임명되었으나 사양하고 나가지 않았다.

1543년 (43세) 중종 38년. 경상감사慶尙監司로 와 있던 이언적이 편지를 보내 만나자고 했지만 사절했다.

1544년 (44세) 중종 39년. 아들 차산이 병으로 사망하였다.

1545년 (45세) 인종 1년. 10월, 친구 이림·곽순郭珣·성우 등이 을사사화로 죽임을 당했다.
11월, 어머니상을 당하였다.
12월, 어머니 영구를 모시고 삼가로 돌아가 아버지 산소 동쪽 언덕에 장사지내고 시묘살이를 하였다.

1547년 (47세) 모부인의 묘갈을 세웠다.

1548년 (48세) 명종 3년. 2월, 상복을 벗다. 전생서典牲署 주부主簿에 임명되었으나 나가지 않았다. 김해에서 삼가현 토동으로 돌아와 계부당鷄伏堂과 뇌룡정雷

龍亭을 지어 거처와 강학의 장소로 삼았다.

1549년 (49세) 명종 4년. 제자들과 감악산紺岳山을 유람하고 포연浦淵을 구경하였다.

1551년 (51세) 명종 6년. 종부시宗簿寺 주부에 임명되었으나 나가지 않았다. 이 해 덕계德溪 오건吳健이 와서 배웠다.

1552년 (52세) 명종 7년. 아들 차석次石이 태어났다.

1553년 (53세) 명종 8년. 벼슬에 나올 것을 권유하는 퇴계退溪의 편지에 답장을 보내 벼슬하러 나가지 못하는 뜻을 밝혔다.

1555년 (55세) 명종 10년. 단성현감丹城縣監에 임명되었으나 나가지 않고 상소하여 국정 전반에 대해서 비판하였다.

1557년 (57세) 명종 12년. 아들 차마次磨가 태어났다. 보은報恩 속리산俗離山으로 대곡 성운을 방문하였다. 이때 보은 현감으로 있던 동주東洲 성제원成悌元을 만나 명년 8월 한가위 때 합천陜川 해인사海印寺에서 만나기로 약속하였다.

1558년 (58세) 명종 13년. 진주목사晉州牧使 김홍金泓, 자형 이공량李公亮, 황강 이희안, 구암龜巖 이정李楨 등과 함께 지리산을 유람하였다. 이 해 8월 15일에 해인사에서 성제원을 만났다.

1559년 (59세) 중종 14년. 조지서造紙署 사지司紙에 임명되었으나 병을 핑계로 나가지 않다.
5월, 초계草溪로 가서 황강 이희안의 죽음을 조문하고 장례를 감독하였다.
8월, 성주星州로 칠봉七峯 김희삼金希參을 찾아가 며칠 머물며 의리지학義理之學을 강론하였다.

1560년 (60세) 명종 15년. 아들 차정次矴이 태어났다.

1561년 (61세) 명종 16년. 지리산 아래 덕산德山 사륜동絲綸洞으로 옮겼다. 산천재山天齋를 세워 자신과 제자들의 거처와 강학의 장소로 사용하였다.

1562년 (62세) 명종 17년. 밀양密陽으로 가서 친구 송계 신계성의 죽음을 조문하고 묘갈명을 지었다.

1563년 (63세) 명종 18년. 남계서원濫溪書院에 가서 일두一蠹 정여창鄭汝昌의 사당에 참배하고 여러 학생들이 강講하는 것을 들었다. 이때 부친상을 당하여 시묘살이 하고 있는 친구인 갈천葛川 임훈林薰을 찾아가 위로하였다. 동강東岡 김우옹金宇顒이 와서 배웠다. 김우옹은 남명의 외손녀사위가 되었다.

1565년 (65세) 명종 20년. 수우당守宇堂 최영경崔永慶이 서울에서 폐백을 들고 찾아와 가르쳐주기를 청하였다. 성암省庵 김효원金孝元이 찾아와 배우기를 청하였다.

1566년 (66세) 명종 21년. 봄, 한강寒岡 정구鄭逑가 찾아와 집지執贄하였다.
7월, 임금의 전지傳旨가 있었으니 나가지 않자, 8월에 상서원尙瑞院 판관判官으로 다시 부름을 받았다.
10월 3일, 대궐에 나가 숙배肅拜하고 사정전思政殿에서 명종을 만나 이야기를 나누었으나 무슨 일을 함께 해볼 만한 임금이 못 된다고 판단하여 11일에 서울을 떠났다.

1567년 (67세) 선조 즉위년. 11월, 새로 즉위한 임금이 교서敎書를 내려 특별히 불렀으나 상소만 하고 나가지 않았다.
12월, 또다시 불렀지만 사장辭狀만 올리고 나가지 않았다. 이 해 망우당忘憂堂 곽재우郭再祐가 와서 『논어』를 배웠다. 곽재우는 남명의 외손녀사위가 되었다.

1568년 (68세) 선조 1년. 5월, 임금으로부터 전지가 있었으나 상소하여 사양하였다. 이해에 서리망국론을 담은 무진봉사를 올렸다.
7월, 부인 남평조씨曹氏가 세상을 떠났다.

1569년 (69세) 선조 2년. 종친부宗親府 전첨典籤에 임명되었으나 병으로 사양하고 나가지 않았다.

1570년 (70세) 선조 3년. 임금이 다시 벼슬에 나오라고 불렀지만 사양하였다. 벼슬을 계속 사양하여 끝내 나가지 않았는데, 이는 남명에게 내린 벼슬이 경륜經綸을 펼칠 수 있는 자리가 아니었기 때문이다.

1571년 (71세) 선조 4년. 4월, 임금이 경상감사慶尙監司를 통해 남명에게 음식을 내려보냈다. 남명은 상소하여 사례하였다. 12월 21일, 갑자기 등창으로 병을 얻었다.

1572년 (72세) 선조 5년. 1월, 옥계玉溪 노진盧禛·내암 정인홍·동강 김우옹·한강 정구·각재覺齋 하항河沆 등이 찾아와 문병하였다. 이때 자신이 죽은 후 칭호를 처사處士로 하라고 제자들에게 일렀다.

1월에 경상감사가 남명에게 병이 있다고 임금에게 아뢰어 특별히 서울에서 파견된 전의典醫가 도착하기도 전에 세상을 떠났다. 숨을 거두는 순간까지도 경의敬義의 중요함을 제자들에게 이야기하였고, 경의에 관계된 옛 사람들의 중요한 말을 외웠다. 부고가 조정에 알려지자 선조 임금은 통정대부通政大夫 사간원司諫院 대사간大司諫을 증직贈職하였으며, 부의賻儀를 내리고 예관禮官을 보내 남명의 영전에 치제致祭하였다.

2월 8일, 산천재에서 숨을 거두다.

4월 6일, 산천재 뒷산 임좌壬坐의 언덕에 장사지냈다. 이때 문인이나 친구들이 보내온 만사挽詞와 제문祭文이 수백 편에 달했다.

남명은 권간權奸들의 횡포로 사림이 여러 차례 죽임을 당하여 도학道學이 거의 사라지려는 시대에 태어나 분발 정진하여 유학을 진흥시키고, 후학들을 가르쳐 인도한 공이 크다. 노년에 이르기까지 이러한 정신이 조금도 쇠퇴하지 않았으며, 초야에 묻혀 지내면서도 한시도 국가와 민족을 잊지 않고 학문으로 현실을 구제하려는 생각을 갖고 있었다.

1576년 선조 9년. 유림과 제자들이 덕산德山에 덕산서원德山書院을 건립하여 석채례釋菜禮를 행하였다. 유림들이 삼가三嘉에 회산서원晦山書院을 건립하였다.

1588년   선조 11년. 유림들이 김해에 신산서원新山書院을 건립하였다.

1604년   선조 37년. 『남명선생문집』을 해인사에서 처음 간행하였다.

1609년   광해군 1년. 국가에서 덕천서원德川書院(덕산서원의 바뀐 이름)·용암서원
龍巖書院(회산서원의 바뀐 이름)·신산서원에 사액賜額하였다.

1615년   광해군 7년. 성균관 유생들이 남명의 증직과 증시贈諡를 상소하여, 대광보국
숭록대부大匡輔國崇祿大夫 의정부議政府 영의정領議政 겸 영경연홍문관예
문관춘추관관상감사領經筵弘文館藝文館春秋館觀象監事 세자사世子師 직
職과 문정文貞이라는 시호를 받았다.
남명에게 문정이라는 시호를 내린 것은 '도덕이 있고 견문이 넓기' 때문에
'문文'이라 하고, '도를 곧게 지켜 흔들림이 없었기' 때문에 '정貞'이라고 한
것이다.

1617년   광해군 9년. 생원生員 하인상河仁尙 등 유림이 연명으로 상소하여 남명을 문
묘文廟에 종사從祀할 것을 건의했지만, 받아들여지지 않았다. 이후에도 경
상도 유림이 7회, 충청도 유림이 8회, 전라도 유림이 4회, 성균관과 사학四
學 유생들이 12회, 개성부 유림이 1회, 홍문관弘文館에서 1회, 양사兩司에
서 1회 상소했으나 남명의 문묘종사文廟從祀)는 끝내 허락받지 못했다. 『학
기유편』을 간행하였다.